Bisher sind im BASTEI-LÜBBE Taschenbuch-Programm von
STEPHEN KING nachstehende Bände erschienen:

13 001 Feuerkind
13 008 Shining
28 109 Cujo (Paperback)
28 111 Carrie (Paperback)
28 114 Nachtschicht (Paperback)
28 118 Christine (Paperback)
28 120 Frühling, Sommer, Herbst
       und Tod (Paperback)
28 126 Das letzte Gefecht
       (Paperback)
28 135 Das Jahr des Werwolfs
       (Paperback)

STEPHEN KING
Trucks

Erzählungen

BASTEI
LÜBBE

BASTEI-LÜBBE-TASCHENBUCH
Band 13 043

Die vorliegenden Geschichten wurden dem Band
„Nachtschicht" (Bastei-Lübbe-Paperback 28 114)
entnommen. Erstveröffentlichung 1984.

Deutsche Lizenzausgabe 1986
Bastei-Verlag Gustav H. Lübbe GmbH & Co., Bergisch Gladbach
Übersetzernachweise jeweils am Ende
der einzelnen Geschichten
Titelillustration: Gruner & Jahr
Umschlaggestaltung: Quadro-Grafik, Bensberg
Satz: Fotosatz Froitzheim, Bonn
Druck und Verarbeitung:
Clausen & Bosse, Leck
Printed in Western Germany
ISBN 3—404—13043—X

Der Preis dieses Bandes versteht sich einschließlich
der gesetzlichen Mehrwertsteuer.

Inhalt

Geschichten aus dem Dunkel

Über das Phänomen des Schriftstellers, Drehbuchautors und Filmregisseurs Stephen King

von Willy Loderhose

Irgendwann im Spätherbst 1972, als die Frau des Englisch-Lehrers Stephen King, Tabitha, den Schreibtisch ihres Mannes aufräumte, fand sie im Papierkorb ein dickes Bündel beschriebenes Manuskript-Papier und las es.

Als Stephen abends nach Hause kam, überredete sie ihn, die Geschichte zu Ende zu schreiben. Das Ergebnis dieses denkwürdigen Abends war zunächst das Buch »Carrie«, schließlich eine erste Auflage, die sich mit 13 000 Exemplaren recht beachtlich verkaufte, dann eine Verfilmung von Brian De Palma, woraufhin das Buch weitere 2,5 Millionen mal verkauft wurde und den Autor schnell zum »Master of Horror« machte, wie die New York Times sofort erkannte. Es folgten blitz-

9

schnell die Romane »Salems Lot« (»Brennen muß Salem«), »Shining«, »Nachtschicht«, »Das letzte Gefecht«, »Das Attentat«, »Feuerkind«, »Frühling, Sommer, Herbst und Tod«, »Cujo«, »Christine«, »Friedhof der Kuscheltiere« und ein knappes Dutzend Filme, die entweder King-Vorlagen hatten, von ihm für die Leinwand bearbeitet waren oder, wie im Fall von »Maximum Overdrive« gar von ihm selbst gedreht waren. Insgesamt viermal wechselte der Vielschreiber seinen Verlag, weil er das Gefühl hatte nicht genügend präsent zu sein in den Buchhandlungen. Er war so fleißig, daß er sich unter dem Pseudonym Richard Bachmann selbst Konkurrenz machte und insgesamt fünf Bücher unter diesem Namen herausbrachte, um a) zu sehen, ob seine Themen auch ohne seinen Namen zum Erfolg würden (sie wurden) und b) nicht zu viele Werke zu gleicher Zeit zu veröffentlichen.

Längst ist Stephen King ein steinreicher Mann, der, technologiebesessen, seine Bücher in einen Hochleistungscomputer eingibt, mit dessen Wordprocessor er nach Herzenslust redigieren kann. Doch er ist auf dem Teppich geblieben, hat sich niemals als Medien-Superstar feiern lassen, liebt seine Frau und seine drei Kinder noch immer mehr als alles andere auf der Welt und schöpft aus seiner Familie die Kraft, die man braucht, um dieses Arbeitspensum weiter zu bewältigen und dabei nicht an Qualität zu verlieren.

Jeder weiß, daß Stephen King makabre Geschichten schreibt, daß er erklärtermaßen einst auszog, das Fürchten zu lehren. Wie kommt es, daß solch ein sanfter und familiärer Mensch sich fast ausschließlich damit beschäftigt, anderen Menschen Angst einzujagen und sie möglicherweise um den verdienten Schlaf zu bringen?

»Ohne Liebe und Besorgnis gibt es kein Grauen, keinen Horror«, pflegt King in Interviews auf derartige Fragen zu antworten, »und das Bedürfnis zu schreiben ist mir eben angeboren. Es wirkt als Sicherheitsventil für meine eigenen Ängste, die ich mit mir herumtrage. Und das Phänomen Stephen King, vorausgesetzt, daß es so etwas wirklich gibt, kann ich wirklich nicht erklären. Mein Werk baut auf der Arbeit jener Autoren auf, die das Grauen mit dem Alltäglichen verbunden haben: Jack Finney, Richard Matheson, Charles Beaumont und Robert Bloch. Vielleicht sind meine Bücher deshalb so erfolgreich, weil ich das Material, mit dem ich umgehe, ernst nehme und nicht witzig damit umgehe.«

Das wirft man ihm denn auch manchmal vor. King, der sich der Sprache der Pop-Kultur bedient und dramaturgisch geschickt Schock an Schock setzt, erzählt fast immer die Geschichte der gequälten Kreatur, die sich schließlich anschickt, in einem gigantischen Rachefeldzug die verlogene Alltagswelt zu zerstören. Das, was er anprangert, sei er schließlich selbst, seine Denk- und Schreibweise entspreche der von Videoclips und Werbespots, meinen die Kritiker. King, in bezug auf sich selbst und die kleine Welt seiner Familie, stets Optimist, zeigt sich in der Frage, ob es global betrachtet noch Hoffnung für die Menschheit gäbe, pessimistisch: »Der mögliche Schaden, der angerichtet werden konnte, ist bereits eingetreten. Wir plündern unseren Planeten mit einer Schnelligkeit aus, daß uns in 200 Jahren auch Technokraten nicht mehr werden retten können – wenn es so weit überhaupt kommt. Deswegen bin ich auch nahezu apolitisch. Wenn überhaupt, habe ich Sympathien für diejenigen, die der politischen Überzeugung sind, daß die letzte Chance, in Amerika umwälzende Veränderungen herbeizuführen, in den dreißiger Jahren vertan wurde. Hätte man damals den Kapitalismus überwunden und durch einen Sozialismus ersetzt, hätten wir vielleicht noch eine Chance.«

Aus diesem Pessimismus heraus also läßt King seine Carrie die ganze Stadt abbrennen, läßt er in »Das letzte Gefecht« einen Virus die gesamte Weltbevölkerung mit wenigen Ausnahmen umkommen, in »Cujo« einen Bernhardiner durchdrehen, in »Kinder des Zorns« alle Erwachsenen töten und in »Christine« oder der Kurzgeschichte »Trucks« Autos die Herrschaft über die Menschheit übernehmen.

Spaß an Verfilmungen seiner Werke hatte Stephen

King bereits bei »Carrie«, der Umsetzung seines ersten Romans durch Brian De Palma, die heute längst ein Klassiker ist und von vielen Fans und Kritikern noch immer als die authentischste und beste aller King-Filme gefeiert wird. Auch der Meister selbst mag den Film lieber als manche andere und hält selbst das Opus des peniblen Perfektionisten Stanley Kubrick »Shining« für nicht besonders gelungen. Schon früh wußte der Autor, daß er nicht nur Bücher schreiben wollte, die man später verfilmen würde, sondern daß er selbst Drehbücher verfassen mußte mit dem Ziel, irgendwann einmal selbst einen Film als Regisseur zu drehen. »Zuerst war ich ein bißchen erstaunt, daß alle wichtigen Horror-Regisseure und noch viele andere bei mir anklopften. Buchautoren sind schließlich keine Hollywoodstars. Von mir Filmrechte zu haben, scheint ein bißchen so zu sein, als hätte man gerade Paul Newmann verpflichtet«, freute er sich, als John Carpenter den Zuschlag für »Christine« erhielt. Nachdem 1983 und 1984 eine wahre Flut an King-Verfilmungen auf den Markt gekommen war, trat zwangsläufig eine kleine Abkühlung ein, weil nicht alle dieser Werke Kinokassen-Hits wurden, nichtsdestotrotz jedoch gut liefen. Außerdem wurden langsam die Stoffe knapp. Die großen Bücher waren bis auf »Das letzte Gefecht«, Kings komplexesten und fraglos am aufwendigsten zu verfilmenden Werk, alle auf Leinwand präsent, und die Kurzgeschichten schienen zu kurz für einen Langfilm. Nur Fritz Kiersch verfilmte »Children of the Corn«, also die Kurzgeschichte »Kinder des Mais« aus »Nachtschicht« (deutscher Filmtitel »Kinder des Zorns«). »Das letzte Gefecht« und »Friedhof der Kuscheltiere«, weitere große Bücher sind an Filmproduzenten verkauft, »Talisman«, das ambitionierte Gemeinschaftsprojekt aus der Feder von King und seinem Freund Peter Straub, wird von Steven Spielberg, Hollywoods Tycoon Nr. 1, persönlich verfilmt.

Die drei »Katzen-Kurzgeschichten« wurden von Dino De Lauentiis, der ja bereits »Feuerkind« hatte verfilmen lassen, als »Cats Eye« verfilmt (der Streifen lief noch nicht in deutschen Kinos), in den De Laurentiis-Studios entstand auch »Silver Bullet« nach dem neuen Roman »Das Jahr des Werwolfs« und ebenfalls dort in Wilmington in North Carolina, wo der Produzent seine neuen Studios bauen ließ, konnte der Autor erstmals selbst zuschlagen: »Maximum Overdrive« ist ebenfalls eine Geschichte aus »Nachtschicht«, nämlich »Lastwagen«, im Original »Trucks«.

Den Schritt vom Drehbuchautor der »Unheimlich verrückten Geisterstunde«, in der King ja bekanntlich selbst einen wunderbaren Gastauftritt gab, bis hin zur eigenen Regie für ein Großstudio, war es im Grunde nur ein kurzer Weg. Selbst wenn »Lastwagen« nicht gerade ein Roman ist – King führt mit seiner alten Metapher von den »leblosen

Dingen«, die plötzlich gegen die Menschen rebellieren, vor, daß man aus einem Gedanken einen gigantischen Film drehen kann. Außerdem: Hat nicht gerade Hollywoods Film-Wunderkind Nr. 1, Steven Spielberg, mit seinem Lastwagen-Film »Duell« den ersten großen Erfolg verbuchen können?

Trucks

Der Mann hieß Snodgrass, und ich sah, daß er im Begriff war, etwas Verrücktes zu tun. Seine Augen waren ganz groß geworden, und man sah viel Weißes, wie bei einem angriffslustigen Hund. Die beiden jungen Leute, die mit ihrem alten Fury auf den Parkplatz gerutscht waren, redeten auf ihn ein, aber er hielt den Kopf schräg, als hörte er fremde Stimmen. Sein praller kleiner Bauch steckte in einem teuren Anzug, der am Hosenboden schon ein wenig glänzte. Er war Handelsvertreter, und seine Mustertasche lag dicht neben ihm, wie ein Hund, der eingeschlafen war.

»Versuchen Sie es nochmal mit dem Radio«, sagte der Lastwagenfahrer am Tresen.

Der Imbißkoch zuckte die Achseln. Er stellte das Gerät wieder an und drehte am Einstellknopf, aber er bekam nur statische Geräusche.

»Sie machen es zu schnell« protestierte der Fahrer. »Sie haben vielleicht was übersprungen.«

21

»Verdammt«, sagte der Imbißkoch. Er war ein älterer Schwarzer mit goldblitzendem Lächeln. Er schaute an dem Fahrer vorbei durch das Fenster, das die ganze Länge des Raumes einnahm, auf den Parkplatz hinaus.

Sieben oder acht schwere Lastwagen standen draußen mit laufenden Motoren. Ihr Dröhnen im Leerlauf hörte sich an wie das Schnurren von Raubkatzen. Es waren ein paar Macs, ein Hemingway und vier oder fünf Reos, alle mit Anhängern. Es waren Fahrzeuge für den Interstate-Verkehr mit mehreren Nummernschildern und CB-Antennen hinten am Führerhaus.

Der Fury der jungen Leute lag umgestürzt am Ende einer langen Rutschspur im losen Kies des Parkplatzes. Er war total zertrümmert. In der Nähe der Auffahrt zum Parkplatz stand ein völlig ruinierter Cadillac. Sein Besitzer starrte wie ein ausgenommener Fisch durch die geplatzte Windschutzscheibe. An einem Ohr hing noch seine Hornbrille.

Mitten auf dem Platz lag die Leiche eines Mädchens in einem rosa Kleid. Als sie sah, daß es krachen würde, war sie aus dem Caddy gesprungen und weggerannt, aber sie hatte keine Chance. Sie sah am schlimmsten aus, wenn sie auch mit dem Gesicht nach unten lag. Wolken von Fliegen umschwärmten sie. Auf der anderen Straßenseite war ein Ford-Kombi durch die Leitplanke geschleudert worden. Das war vor einer Stunde passiert.

Seitdem war niemand gekommen. Die Straße konnte man vom Fenster aus nicht sehen, und das Telefon war tot.

»Sie machen es zu schnell«, wiederholte der Fahrer seinen Protest. »Sie sollten . . .«

In diesem Augenblick rannte Snodgrass los. Er stieß den Tisch um, als er aufsprang. Die Kaffeetassen zerklirrten, und der Zucker spritzte in hohem Bogen. Er rollte wild mit den Augen, und seine Lippen hingen schlaff herab. »Wir müssen hier raus«, brabbelte er. »Wir müssen hier raus, wir müssen hier raus—«

Der junge Mann schrie, und seine Freundin kreischte.

Snodgrass stürzte zur Tür und rannte über den Kies zum Abflußgraben an der linken Seite. Zwei der Wagen rasten auf ihn zu. Ihre nach oben führenden Auspuffrohre stießen dunkelbraunen Dieselqualm in den Himmel, und die riesigen Hinterräder ließen den Sand wegspritzen, als würde aus Maschinengewehren geschossen.

Er war höchstens fünf oder sechs Schritte vom Ende des Parkplatzes entfernt, als er sich umdrehte. In seinem Gesicht stand nackte Angst. Er stolperte über seine eigenen Beine und wäre fast gestürzt. Er fing sich wieder, aber es war zu spät.

Einer der Lastwagen machte Platz, und der andere beschleunigte. Sein riesiges Kühlergrill funkelte bösartig in der Sonne. Snodgrass stieß einen hohen dünnen Schrei aus, der im dumpfen Brüllen des Diesels fast unterging.

Der Wagen überfuhr ihn nicht. Wie sich später zeigen sollte, wäre das besser gewesen. Er stieß ihn weg wie ein Rugbyspieler den Ball wegschlägt. Ganz kurz zeichnete sich seine Silhouette wie eine verbogene Vogelscheuche vor dem heißen Nachmittagshimmel ab, und dann verschwand er im Abwassergraben.

Die Bremsen des großen Lastwagens zischten wie der Atem eines Drachen, und die Vorderräder blokkierten und zogen tiefe Schneisen durch den Kies. Nur Zentimeter vor dem Graben kam er zum Stehen. Das Schwein.

Das Mädchen in der Nische kreischte wieder. Die Finger hatte sie in die Wangen gekrallt, daß sie das Fleisch abzog. Ihr Gesicht wirkte wie eine Hexenmaske.

Glas splitterte. Ich drehte mich um und sah, daß der Lastwagenfahrer sein Glas so fest gepackt hatte, daß es zerbrach. Wahrscheinlich wußte er es noch nicht. Mit etwas Blut vermischte Milch floß auf den Tresen.

Der Schwarze am Tresen stand wie angewurzelt neben seinem Radio, einen Wischlappen in der erhobenen Hand. Er wirkte sehr erstaunt. Seine Zähne glitzerten. Einen Augenblick lang hörte man nur das Summen der Westclox an der Wand und das Dröhnen des Motors, als der Reo zu seinen

Kollegen zurückfuhr. Dann fing das Mädchen an zu weinen, und das war gut – oder wenigstens besser.

Mein eigener Wagen stand seitlich neben dem Gebäude und war nur noch Schrott. Ein 1971er Camaro, auf den ich noch abzahlte, aber ich glaube, das spielte jetzt keine Rolle mehr.

In den Lastwagen saß niemand.

Die Sonne spiegelte sich in leeren Fahrerhäusern. Die Räder drehten sich von selbst. Man durfte darüber nicht viel nachdenken. Wenn man darüber nachdachte, mußte man verrückt werden. Wie Snodgrass.

Zwei Stunden vergingen. Die Sonne ging langsam unter. Draußen patroullierten die Wagen in langsamen Kreisen und Achterschleifen. Ihre Scheinwerfer und Parklichter waren jetzt eingeschaltet. Ich ging zweimal am ganzen Tresen hin und her, denn meine Beine waren eingeschlafen, und dann setzte ich mich in eine der Nischen vor der langen vorderen Scheibe. Dies war eine ganz normale Raststätte in der Nähe einer Autobahn. Hier konnte man Benzin und Diesel tanken, und die Fahrer tranken hier Kaffee oder aßen eine Kleinigkeit.

»Mister?« Die Stimme klang zögernd.

Ich sah mich um. Es waren die beiden jungen Leute mit dem Fury. Der Junge sah aus wie neunzehn. Er hatte lange Haare und einen Bart, der gerade erst Form gewann. Das Mädchen wirkte jünger.

»Ja?«

»Was ist Ihnen passiert?«

Ich zuckte die Achseln.

»Ich fuhr auf der Interstate nach Pelson«, sagte ich.

»Hinter mir ein Lastwagen – ich sah ihn im Spiegel. Er war noch weit entfernt, aber er fuhr Höchstgeschwindigkeit. In einer Entfernung von einer Meile konnte man ihn schon hören. Er überholte einen VW-Käfer. Der Anhänger schleuderte, und er fegte den Käfer einfach von der Straße, wie man eine Papierkugel vom Tisch schnippt. Ich dachte schon, der Laster würde auch von der Straße abkommen. Kein Fahrer hätte ihn halten können, wenn der Anhänger so schleudert. Aber er blieb auf der Spur. Der VW überschlug sich sechs- oder siebenmal und explodierte. Den nächsten erwischte der Laster auf die gleiche Weise. Er kam immer näher, und was meinen Sie, wie schnell ich die nächste Ausfahrt erwischte.« Ich lachte, aber mein Lachen war nicht echt. »Und da bin ich bei dieser Raststätte gelandet. Vom Regen in die Traufe.«

Das Mädchen schluckte. »Wir sahen einen Greyhound-Bus, der auf der Richtungsfahrbahn Süden nach Norden fuhr. Er... pflügte... nur so durch die Wagen hindurch. Dann explodierte er und brannte aus, aber vorher... ein Blutbad.«

Ein Greyhound-Bus. Das war etwas Neues. Und etwas Entsetzliches.

Plötzlich ging draußen bei allen Fahrzeugen gleichzeitig das Fernlicht an und tauchte alles in unheimlichen Glanz. Brummend fuhren sie hin und her. Die Scheinwerfer schienen ihnen Augen zu geben, und in der zunehmenden Dunkelheit sahen die Anhängeraufbauten aus wie die krummen breiten Rücken prähistorischer Riesen.

Der Mann am Tresen sagte: »Ob es wohl gefährlich ist, das Licht anzuschalten?«

»Tun Sie es doch«, sagte ich. »Dann werden Sie es ja erfahren.«

Er betätigte den Schalter, und an der Decke leuchteten ein paar mit Fliegenschmutz bedeckte Lampen auf. Gleichzeitig flackerte draußen eine Neonreklame auf: »Conants Raststätte und Imbiß – Gutes Essen«. Nichts geschah. Die Wagen draußen drehten weiter ihre Runden.

»Ich begreife das nicht«, sagte der Fahrer. Er war von seinem Hocker gestiegen und ging im Raum auf und ab. Um seine Hand hatte er ein rotes Halstuch gewickelt. »Ich hatte nie Probleme mit meiner Karre. Ein gutes altes Mädchen. Ich bin hier reingefahren, weil ich Spaghetti essen wollte, und nun dies.« Er zeigte nach draußen, und das Halstuch flatterte an seiner Hand. »Meine eigene Karre steht da draußen. Es ist die mit dem schwachen linken Hecklicht. Ich fahre sie schon seit sechs Jahren. Aber wenn ich jetzt rausginge –«

»Sie fährt gerade an«, sagte der Mann hinter dem

Tresen. Sein Blick war verhangen, aber hellwach. »Schlimm, daß das Radio nicht funktioniert. Sie fährt gerade an.«

Dem Mädchen war alles Blut aus dem Gesicht gewichen. »Macht nichts«, sagte ich zu dem Mann am Tresen. »Jedenfalls noch nicht.«

»Woran kann das nur liegen?« fragte der Fahrer besorgt. »Elektrische Entladung in der Atmosphäre? Atombombentests? Was?«

»Vielleicht sind sie ganz einfach verrückt geworden«, sagte ich.

Gegen sieben Uhr ging ich zu dem Mann am Tresen. »Wie sind Sie ausgestattet? Ich meine, für den Fall, daß wir hier länger bleiben müssen?«

Er runzelte die Stirn. »Eigentlich nicht schlecht. Gestern kriegten wir die letzte Lieferung. Wir haben zwei- bis dreihundert Blätterteigtaschen für Hamburger, Dosenfrüchte und Dosengemüse, Nährmittel, Eier . . . an Milch nur noch, was in der Kühlung steht, aber wir haben ja noch das Wasser aus dem Brunnen. Wenn nötig, könnten wir fünf es hier länger als einen Monat aushalten.«

Der Fahrer kam rüber und sagte, ohne jemanden anzusehen: »Ich habe keine einzige Zigarette mehr. Aber dieser Zigarettenautomat . . .«

»Er gehört mir nicht«, sagte der Schwarze. »No, Sir.«

Der Fahrer hatte ein Stemmeisen aus den hinten

gelegenen Vorratsräumen mitgebracht. Er fing an, den Automaten zu bearbeiten.

Der Junge ging an die glitzernde Musikbox und warf eine Münze ein. John Fogarty verkündete singend, daß er auf dem Bayou geboren sei.

Ich setzte mich und schaute aus dem Fenster. Ich sah etwas, was mir gleich nicht gefiel. Ein Chevrolet-Kleinlaster hatte sich zu der Runde gesellt wie ein Shetlandpony zu einer Herde von Percheronpferden. Ich beobachtete ihn, bis er einfach über die Leiche des Mädchens aus dem Caddy hinwegrollte, und dann sah ich weg.

»Wir Menschen haben sie doch *gebaut*«, sagte das Mädchen plötzlich kläglich. »Sie *können* sowas doch nicht tun!«

Ihr Freund beruhigte sie. Der Fahrer hatte den Automaten geöffnet und bediente sich. Er nahm sechs oder acht Packungen Viceroy. Er steckte sie in verschiedene Taschen und riß eine Schachtel auf. Er wirkte so gierig, daß ich nicht wußte, ob er sie rauchen oder essen wollte.

Aus der Musikbox ertönte der nächste Song. Es war acht Uhr.

Um acht Uhr dreißig fiel der Strom aus.

Als das Licht ausging, schrie das Mädchen. Der Schrei verstummte plötzlich, als hätte ihr Freund ihr die Hand auf den Mund gelegt. Die Musik verebbte mit einem absterbenden Grunzen.

»Verdammt nochmal!« sagte der Fahrer.

»Haben Sie Kerzen?« rief ich zu dem Schwarzen am Tresen hinüber.

»Ich glaube wohl. Warten Sie . . . ja, hier liegen ein paar.«

Ich stand auf und ließ sie mir geben. Wir zündeten sie an und stellten sie auf. »Seien Sie vorsichtig«, sagte ich. »Wenn wir den Schuppen anstekken, ist der Teufel los.«

Der Schwarze lachte grimmig. »Was Sie nicht sagen.«

Als wir die Kerzen aufgestellt hatten, hockten sich der Junge und seine Freundin nebeneinander. Der Fahrer stand an der Hintertür und beobachtete sechs weitere schwere Lastwagen, die zwischen den Betonstreifen mit den Zapfsäulen hin und herpendelten. »Dies ändert die Lage, nicht wahr?« sagte ich zu dem Mann am Tresen.

»Verdammt übel, wenn der Strom endgültig ausgefallen ist.«

»Und was bedeutet das für uns?«

»Das Hackfleisch für die Hamburger hält sich höchstens drei Tage. Das übrige Fleisch vergammelt natürlich genau so schnell. Die Konserven brauchen keine Kühlung, auch die trockenen Lebensmittel nicht. Aber das ist nicht das Problem. Ohne die Pumpen haben wir kein Wasser.«

»Das ist sehr schlecht.«

»Ja«, sagte der Schwarze, »denn ohne Wasser halten wir es höchstens eine Woche aus.«

»Füllen Sie alle Gefäße, die Sie haben. Holen Sie alles Wasser raus, bis nur noch Luft kommt. Wo sind die Toiletten? Das Wasser in den Spültanks ist gut.«

»Der Aufenthaltsraum für die Angestellten liegt hinten. Aber wenn man zu den Toiletten will, muß man nach draußen.«

»Zur Werkstatt rüber?« Dazu war ich nicht bereit. Noch nicht.

»Nein. Durch den Seitenausgang und dann ein Stück weiter.«

»Geben Sie mir einen Eimer.«

Er hatte zwei verzinkte. Der Junge kam herüber.

»Was wollen Sie tun?«

»Wir brauchen Wasser. Soviel wir kriegen können.«

»Dann geben Sie mir auch einen Eimer.«

Ich reichte ihm einen.

»Jerry!« rief das Mädchen. »Du–«

Er sah sie nur an, und sie schwieg. Aber sie nahm eine Serviette und fing an, sie zu zerreißen. Der Fahrer rauchte seine zweite Zigarette und schaute zu Boden. Dabei grinste er, aber er sagte nichts.

Wir gingen zur Seitentür, durch die ich am Nachmittag hereingekommen war. Wir blieben einen Augenblick stehen und sahen die Schatten dunkler werden, während die Wagen immer noch hin und herfuhren.

»Und jetzt?« fragte der Junge. Sein Arm streifte

meinen, und seine Muskeln spannten sich und summten wie Drähte. Wer jetzt mit ihm aneinandergeraten wäre, hätte sein Testament machen können.

»Beruhigen Sie sich«, sagte ich.

Er lächelte ein wenig. Es war ein gequältes Lächeln, aber besser als gar keins.

»Okay.«

Wir glitten durch die Tür.

Die Nachtluft hatte sich abgekühlt. Grillen zirpten im Gras, und im Abwassergraben quakten die Frösche. Hier draußen hörte man das Poltern und Dröhnen der Lastwagen lauter und drohender. Hier draußen war es Wirklichkeit. Hier konnte man getötet werden.

Wir schlichen an der gekachelten Außenwand entlang. Das leicht vorspringende Dach ließ uns ein wenig im Schatten. Drüben am Windschutzzaun lag mein zertrümmerter Camaro, und das schwache Licht der Verkehrszeichen spiegelte sich auf dem zerfetzten Metall und in Lachen von Benzin und Öl.

»Sie gehen in die Damentoilette«, flüsterte ich. »Nehmen Sie das Wasser aus dem Spültank.«

Die Diesel dröhnten gleichmäßig. Es war tückisch. Man glaubte, sie kommen zu hören, aber es war nur dàs Echo, das von den Ecken und Kanten des Gebäudes zurückgeworfen wurde. Wir mußten nur etwa sechs Meter weit laufen, aber es kam uns viel weiter vor.

Er öffnete die Tür zur Damentoilette und ging hinein. Ich rannte an ihm vorbei in die Herrentoilette. Ich merkte, wie meine Muskeln sich spannten, und stieß hörbar die Luft aus. Ich sah mich im Spiegel. Mein Gesicht war blaß, und ich hatte dunkle Ringe unter den Augen.

Ich nahm den Porzellandeckel vom Spültank und füllte meinen Eimer. Ich goß ein wenig zurück, damit er nicht überschwappte, und ging zur Tür. »Heh?«

»Ja«, ächzte der Junge.

»Bist du fertig?«

»Ja.«

Wir gingen wieder nach draußen. Wir waren vielleicht sechs Schritte gelaufen, als uns Scheinwerfer anstrahlten. Er hatte sich herangeschlichen, und die riesigen Räder mahlten ganz langsam den Kies. Er hatte auf der Lauer gelegen, und jetzt sprang er uns an, die Scheinwerfer zogen wilde Kreise, das riesige Kühlergrill schien die Zähne zu blecken.

Der Junge erstarrte. In seinem Gesicht stand blankes Entsetzen. Sein Blick war leer, und seine Pupillen hatten sich bis aufs äußerste verengt. Ich stieß ihn vorwärts, und er verschüttete die Hälfte von seinem Wasser.

»Lauf!«

Das Donnern des Dieselmotors wurde zu einem hellen Kreischen. Ich griff an dem Jungen vorbei, um die Tür zu öffnen, aber bevor ich den Griff erreichte, wurde sie von innen aufgestoßen. Der Junge warf sich vorwärts, und ich sprang an ihm vorbei. Ich drehte mich um und sah den riesigen Peterbilt die gekachelte Wand streifen. Es gab ein ohrenbetäubendes knirschendes Geräusch, und die zersplitterten Kacheln flogen davon. Es war, als kratzten Riesenfinger über eine Wandtafel. Dann krachte der Laster mit seinem rechten Kotflügel und dem Kühlergrill gegen die noch immer offene Tür, und Glassplitter stoben in den Raum. Die stählernen Türangeln rissen wie Toilettenpapier, und die Tür flog in die Nacht hinaus wie in einem Gemälde von Dali. Der Wagen raste auf den Parkplatz zurück, und sein Auspuff knatterte wie ein Maschinengewehrfeuer. Es klang wütend und enttäuscht.

Der Junge stellte den Eimer ab und ließ sich zitternd in die Arme des Mädchens fallen.

Mein Herz hämmerte gegen meinen Brustkorb, und meine Waden fühlten sich wie Wasser an. Und da wir von Wasser sprechen, wir hatten einen ganzen und einen viertel Eimer mitgebracht. Es hatte sich kaum gelohnt. »Ich will diese Tür verrammeln«, sagte ich zu dem Mann am Tresen. »Wie können wir das machen?«

»Warten Sie –«

Der Fahrer meldete sich zu Wort. »Warum? Die großen Laster kriegen hier doch kein Rad rein.«

»Um die großen Laster mache ich mir auch keine Sorgen.«

34

Der Fahrer suchte nach einer Zigarette.

»Wir haben im Lagerraum noch ein paar Wandverkleidungen aus Metall«, sagte der Mann am Tresen. »Der Boss wollte einen Schuppen bauen, wo das Butangas gelagert werden soll.«

»Die stellen wir vor den Eingang und stützen sie mit dem Holz von den Nischen ab.«

»Das wäre gut«, sagte der Fahrer.

Wir brauchten ungefähr eine Stunde, und alle arbeiteten mit, sogar das Mädchen. Wir hatten eine solide Sperre errichtet, aber eine solide Sperre würde natürlich nicht reichen, wenn einer der Laster mit Vollgas dagegendonnerte. Das wußten wir alle.

Drei Nischen standen noch, und ich setzte mich in eine von ihnen.

Die Uhr hinter dem Tresen war um acht Uhr zweiunddreißig stehengeblieben, aber es mußte jetzt ungefähr zehn Uhr sein. Draußen hörte ich das Brummen der Motoren und sah die Wagen ihre Runden drehen. Einige verschwanden mit unbekanntem Ziel, aber neue tauchten auf. Ich sah jetzt drei Kleinlaster, die sich zwischen ihren größeren Brüdern wichtig taten.

Ich nickte ein, und statt Schafe zu zählen, zählte ich Lastwagen. Wieviele gab es in diesem Staat und wieviele in ganz Amerika? Lastwagen mit Anhängern, Kleinlaster, Sattelschlepper, Dreivierteltonner, Zehntausende von Armeelastwagen und

Busse. Ich hatte die alptraumhafte Vision eines Stadtbusses, der mit zwei Rädern auf der Fahrbahn und mit den anderen beiden auf dem Bürgersteig fuhr und schreiende Passanten niedermähte wie eine Kugel, die Kegel trifft.

Ich schüttelte diese Visionen ab und schlief ein. Ein leichter, unruhiger Schlaf.

Es muß schon früher Morgen gewesen sein, als Snodgrass anfing zu schreien. Ein fahler Neumond zeigte sich am Himmel und schickte sein eisiges Licht durch die Wolkenschleier. Ein neues, klapperndes Geräusch überlagerte jetzt das dumpfe Röhren der leerlaufenden Diesel. Ich suchte seine Quelle und sah eine Heupresse auf den Platz fahren. Die Speichen ihres Rechens drehten sich langsam, und der Mondschein ließ das Metall glänzen.

Wieder ein Schrei, und er kam zweifellos aus dem Abwassergraben: »Hilfe . . . Hiiiilfe . . .«

»Was war das?« fragte das Mädchen. Im Halbdunkel sah man ihre weit aufgerissenen Augen. Sie mußte entsetzliche Angst haben.

»Nichts«, sagte ich.

»Er lebt«, flüsterte sie. »Mein Gott, er lebt noch.«

Ich mußte ihn nicht unbedingt sehen. Ich konnte es mir nur allzu gut vorstellen. Snodgrass, halb noch im Graben und halb herausgekrochen, Beine und Rückgrat gebrochen und sein sorgfältig gebügelter Anzug mit Schlamm bedeckt, das bleiche

Gesicht zum Himmel erhoben, wo der Mond gleichgültig seine Bahn zog.

»Ich habe nichts gehört«, sagte ich. »Sie etwa?«

Sie sah mich an. »Wie können Sie das sagen?«

»Wecken Sie doch Ihren Freund«, sagte ich und zeigte mit dem Daumen hinüber. »Vielleicht hört *er* ja etwas und geht hinaus. Würde Ihnen das gefallen?«

Ihr Gesicht verzog sich und zuckte wie von unsichtbaren Nadeln gestochen. »Nichts«, flüsterte sie. »Da draußen ist nichts.«

Sie ging zu ihrem Freund zurück und lehnte ihren Kopf gegen seine Brust. Im Schlaf legte er den Arm um sie.

Von den anderen wachte keiner auf. Snodgrass rief und weinte und schrie lange. Dann war Stille.

Morgendämmerung.

Ein weiterer Lastwagen war angekommen. Ein Tieflader mit einem riesigen Kran. Ein Abschleppfahrzeug. Hinter ihm eine Planierraupe. Das machte mir Angst.

Der Fahrer kam und kniff mir in den Arm. »Kommen Sie mit nach hinten«, flüsterte er aufgeregt. Die anderen schliefen noch.

»Sehen Sie sich das an.«

Ich folgte ihm nach hinten in den Lagerraum. Etwa zehn Wagen patrouillierten da draußen. Zuerst bemerkte ich nichts Besonderes.

»Sehen Sie nicht?« fragte er und zeigte nach draußen. »Gleich hier vorn.«

Dann sah ich es. Einer der Kleinlaster war stehengeblieben. Er stand da wie ein großer Klumpen und wirkte überhaupt nicht mehr bedrohlich.

»Kein Treibstoff mehr?«

»Ganz richtig, Kumpel. *Und sie können sich nicht selbst betanken.* Jetzt haben wir sie. Wir brauchen nur zu warten.« Er lächelte und suchte nach einer Zigarette.

Es war etwa neun Uhr, und ich aß zum Frühstück den Rest der Pastete vom Vortage, als das Gellen der Hupe ertönte – langgezogen und so laut, daß man Kopfschmerzen bekam. Wir sprangen auf und rannten ans Fenster. Die Wagen standen, und die Motoren brummten im Leerlauf. Ein Lastwagen mit Anhänger, ein riesiger Reo mit rotem Fahrerhaus, war fast bis an den schmalen Grasstreifen zwischen Parkplatz und Restaurant herangefahren. Bei der kurzen Entfernung wirkte die viereckige Kühlerverkleidung gewaltig. Ein Mordinstrument.

Wieder gellte die Hupe, harte wütende Stöße, deren Echo von den Wänden zurückgeworfen wurde. Ich glaubte, ein Muster zu erkennen. Kurz, dann wieder langgezogen, und das Ganze in einer Art Rhythmus.

»Das ist Morsen!« rief der Junge plötzlich.

Der Fahrer sah ihn an. »Woher willst du das denn wissen?«

Jerry wurde rot. »Das hab ich bei den Pfadfindern gelernt.«

»Du?« sagte der Fahrer. »Ausgerechnet *du*?« Er schüttelte den Kopf.

»Lassen Sie das«, sagte ich. »Verstehst du davon noch genug, um–«

»Klar. Ich muß nur zuhören. Hat jemand einen Bleistift?«

Der Mann am Tresen gab ihm einen, und der Junge schrieb die Buchstaben auf eine Serviette. Nach einer Weile hielt er inne. »Er sagt immer nur ›Achtung‹. Wir müssen warten.«

Wir warteten. Die Hupe brüllte ihre langen und kurzen Töne in die stille Morgenluft. Dann änderte sich das Muster, und der Junge fing wieder an zu schreiben. Wir sahen ihm über die Schulter und erkannten, wie sich eine Botschaft formte. »Jemand muß Treibstoff pumpen. Ihm wird nichts geschehen. Der ganze Treibstoff muß gepumpt werden. Es muß sofort sein. Jemand muß jetzt Treibstoff pumpen.«

Die Hupe dröhnte weiter, aber der Junge schrieb nicht mehr mit. »Er wiederholt nur immer wieder ›Achtung‹!«, sagte er.

Immer wieder hupte der Lastwagen seine Botschaft. Mir gefielen die Worte nicht, wie sie da in Blockschrift auf der Serviette standen. Sie sahen maschinell und kalt aus. Diese Worte ließen keinen Kompromiß zu. Man tat es, oder man tat es nicht.

»Das wär's«, sagte der Junge. »Was wollen wir tun?«

»Nichts«, sagte der Fahrer. Er war aufgeregt, und in seinem Gesicht arbeitete es. »Wir brauchen nur zu warten. Sie haben alle nicht mehr viel Treibstoff. Wir brauchen nur –«

Die Hupe verstummte. Der Laster fuhr zu den anderen zurück. Sie warteten in einem Halbkreis, und ihre Scheinwerfer waren auf uns gerichtet.

»Ich habe draußen eine Planierraupe gesehen«, sagte ich.

Jerry sah mich an.

»Glauben Sie, daß sie das Gebäude einreißen wollen?«

Er sah den Mann am Tresen an. »Das schaffen sie doch wohl nicht, oder?«

Der Schwarze zuckte die Achseln.

»Wir sollten abstimmen«, sagte der Fahrer. »Wir lassen uns nicht erpressen. Wir brauchen nur zu warten, verdammt.« Das hatte er inzwischen dreimal wiederholt. Wie eine Beschwörung.

»Okay«, sagte ich. »Wir stimmen ab.«

»Moment«, sagte der Fahrer sofort.

»Ich denke, wir sollten ihnen Treibstoff geben«, sagte ich. »Wir warten dann eben auf eine bessere Gelegenheit abzuhauen.« Ich wandte mich an den Schwarzen. »Was meinen Sie?«

»Bleiben Sie bloß hier«, sagte er. »Wollen Sie sich zu ihrem Sklaven machen? Wollen Sie den Rest

Ihres Lebens damit verbringen, Ölfilter zu wechseln, wenn eines dieser . . . *Dinger* hupt? Ich nicht.« Er blickte wütend durch das Fenster. »Sollen sie doch verhungern.«

Ich sah das Mädchen und ihren Freund an.

»Ich finde, er hat recht«, sagte der Junge. »Nur so können wir sie aufhalten. Wenn jemand uns hier hätte rausholen wollen, hätte er es schon getan. Wer weiß, was woanders geschieht.« Und das Mädchen, das gerade an Snodgrass dachte, nickte und trat näher an ihren Freund heran.

»Das wäre dann also erledigt«, sagte ich.

Ich ging an den Zigarettenautomaten und nahm mir eine Packung, ohne auf die Marke zu achten. Ich hatte vor einem Jahr aufgehört zu rauchen, aber dies war der günstigste Augenblick, wieder damit anzufangen. Der Rauch brannte mir in den Lungen.

Die nächsten zwanzig Minuten schlichen träge dahin. Die Wagen vorne warteten. Die anderen hinten hatten sich schon an den Zapfsäulen aufgereiht.

»Ich glaube, das Ganze war nur ein Bluff«, sagte der Fahrer. »Nur—«

Dann war ein lauteres, brüllenderes, abgehackteres Geräusch zu hören. Ein Motor, der auf Touren kommt, abfällt und wieder hochgejagt wird. Die Planierraupe.

Wie eine riesige gelbe Wespe glänzte sie in der Sonne, ein Caterpillar mit gewaltigen Stahlketten.

Als er in unsere Richtung wendete, rülpste er schwarzen Qualm aus seinem kurzen Auspuff.

»Er greift an«, sagte der Fahrer. In seinem Gesicht lag ein Ausdruck höchster Überraschung. »Er greift an!«

»Zurück«, rief ich. »Hinter den Tresen!«

Die Planierraupe ließ wieder den Motor aufheulen. Die Schalthebel bewegten sich von selbst. Über dem qualmenden Auspuff flimmerte die Luft. Plötzlich fuhr die Schaufel der Raupe hoch, ein schweres gebogenes Stahlgerät, an dem noch getrockneter Schlamm klebte. Dann donnerte sie mit aufbrüllendem Motor direkt auf uns zu.

»Zum *Tresen*!« Ich gab dem Fahrer einen Stoß, und das setzte auch die anderen in Bewegung.

Zwischen dem Parkplatz und dem Rasen lag eine schmale Betoneinfassung. Mit hoch erhobener Schaufel rollte die Raupe darüber hinweg und rammte frontal die vordere Wand. Knallend explodierte das Glas nach innen, und der Holzrahmen zersplitterte. Eine der Deckenleuchten sauste herab und spritzte weiteres Glas durch den Raum. Geschirr kippte aus den Regalen. Das Mädchen schrie, aber ihre Schreie gingen im Brüllen des Motors unter.

Der Caterpillar setzte zurück und wühlte dabei den Rasen auf. Dann schoß er wieder vorwärts und ließ die restlichen Nischen krachend zersplittern. Der Karton mit den Pasteten fiel vom Tresen, und die Pasteten verteilten sich über den Fußboden.

Der Schwarze stand geduckt und hatte die Augen geschlossen. Der junge Mann hielt sein Mädchen fest. Der Fahrer schielte vor Angst.

»Wir müssen ihn stoppen«, brabbelte er. »Sagt ihnen, daß wir ihn stoppen. Wir werden—«

»Ein bißchen spät, was?«

Der Caterpillar setzte zurück, bereit, erneut vorzupreschen. Die Einschnitte in seiner Schaufel waren jetzt vom Schlamm befreit, und das Metall glänzte in der Sonne. Dann rollte er mit Vollgas auf das Gebäude zu. Diesmal knickte er den Träger links vom Fenster um. Krachend stürzte das Dach ein. Staub flog auf.

Die Raupe fuhr rückwärts aus den Trümmern heraus, und hinter ihr sah ich die Lastwagen. Sie warteten.

Ich griff mir den Schwarzen. »Wo stehen die Ölfässer?« Der Herd wurde mit Butan beheizt, aber ich hatte die vergitterten Öffnungen für einen Heißluftofen gesehen.

»Im Vorratsraum ganz hinten«, sagte er.

Ich griff mir den Jungen. »Komm mit.«

Wir standen auf und rannten in den Vorratsraum. Wieder schlug die Raupe zu, und das ganze Gebäude erzitterte. Zwei oder drei weitere Anläufe, und sie konnte am Tresen Kaffee trinken.

Wir fanden zwei große Fässer mit je fünfzig Gallonen, von denen aus die Heizung gespeist wurde.

Beide Fässer hatten Zapfhähne. Neben der Hintertür stand ein Karton mit leeren Ketchupflaschen. »Bring sie her, Jerry.«

Während er sie holte, zog ich mir das Hemd aus und riß es in Fetzen. Wieder rannte die Raupe gegen das Gebäude an, dann noch einmal. Jedesmal hörten wir das berstende Geräusch neuer Zerstörung.

Ich füllte die Ketchupflaschen aus den Zapfhähnen, und er stopfte die Fetzen in die Flaschen. »Spielst du Football?« fragte ich ihn.

»In der Schule habe ich gespielt«, sagte er.

»Okay. Dann tu so, als ob du einen Einwurf machst.«

Wir gingen ins Restaurant zurück. Die ganze vordere Wand war eingerissen. Die verstreuten Glassplitter glitzerten wie Diamanten. Ein schwerer Balken war quer vor den Eingang gestürzt. Die Raupe fuhr rückwärts und zog ihn dabei aus den Trümmern. Beim nächsten Mal würde sie wohl alle Bänke und Tische und den Tresen wegräumen.

Wir knieten nieder und stellten die Flaschen bereit. »Anzünden«, sagte ich zu dem Fahrer.

Er holte Streichhölzer aus der Tasche, aber seine Hände zitterten so heftig, daß er sie fallen ließ. Der Schwarze hob sie auf und zündete eines an. Die Stofflappen brannten.

»Schnell«, sagte ich.

Wir rannten los, der Junge vor mir. Die Glassplit-

44

ter knirschten unter unseren Füßen. Die Luft war heiß, und es roch nach Öl. Es war sehr laut. Und sehr heiß.

Die Raupe fuhr an.

Der Junge duckte sich und sprang los. Ich sah seine Silhouette vor der schweren Schaufel der Raupe und rannte nach rechts. Beim ersten Mal warf der Junge zu kurz. Seine zweite Flasche traf nur die Schaufel, und das Öl verbrannte nutzlos.

Er wollte weglaufen, und dann war sie über ihm, ein rollender Moloch, vier Tonnen Stahl. Er warf die Arme hoch, und dann war er verschwunden. Zermalmt.

Ich fuhr herum und warf eine Flasche in das Fahrerhaus, die andere direkt in den Motorraum. Sie explodierten gleichzeitig, und Flammen schossen hoch.

Der Motor der Raupe heulte auf. Es war ein fast menschlicher Schrei, ein Schrei der Wut und der Qual. Sie fuhr einen Halbkreis und riß dabei die rechte Ecke des Gebäudes weg. Dann rollte sie schlingernd auf den Graben zu.

Die Raupenketten waren blutbeschmiert, und wo der Junge gestanden hatte, lag etwas, das aussah wie ein zusammengeknülltes Handtuch.

Der Caterpillar hatte fast den Graben erreicht. Aus dem Fahrerhaus und der Motorhaube schlugen Flammen. Dann explodierte er in einer gewaltigen Fontäne.

Ich taumelte zurück und wäre fast gestürzt. Der heiße Geruch kam nicht vom Öl. Es war brennendes Haar. Ich stand selbst in Flammen.

Ich riß eine Decke vom Tisch und rieb mir den Kopf. Dann stieß ich den Kopf so hart in das Spülbecken, daß es einen Sprung bekam. Immer wieder schrie das Mädchen Jerrys Namen. Eine kreischende Litanei des Wahnsinns.

Ich drehte mich um und sah, daß der riesige Tieflader langsam auf die offene Fassade des Gebäudes zurollte.

Der Fahrer schrie und rannte zum Seitenausgang.

»Nein!« rief der Mann am Tresen. »Lassen Sie das –«

Aber er war schon draußen und rannte in Richtung auf den Abwassergraben, um freies Feld zu erreichen.

Der Wagen mußte hinter dem Seitenausgang gelauert haben – ein kleiner Lieferwagen mit der Aufschrift »Wongs Schnellwäscherei«. Er fuhr ihn um, bevor man wußte, was geschah. Dann war er verschwunden, und nur der Fahrer lag zuckend im Kies. Beim Aufprall waren ihm die Schuhe weggeflogen.

Der Tieflader rollte langsam über die Betoneinfassung auf den Rasen und blieb stehen. Seine riesige Schnauze ragte in das zerstörte Gebäude hinein.

Plötzlich gellte seine Hupe. Noch einmal. Immer wieder.

»Aufhören!« winselte das Mädchen. »Oh, mein Gott, aufhören!«

Aber das Hupen nahm kein Ende. Ich erkannte das Muster sehr schnell. Es war das gleiche wie vorher. Jemand sollte ihn und die anderen füttern.

»Ich gehe«, sagte ich. »Sind die Zapfsäulen offen?«

Der Mann am Tresen nickte. Er war um fünfzig Jahre gealtert.

»Nein!« kreischte das Mädchen. Sie warf sich mir in die Arme. »Sie müssen sie stoppen! Sie müssen sie verprügeln, verbrennen, kaputtmachen –« Ihre Stimme versagte. Sie konnte nur noch ihren Kummer hinausschreien.

Der Schwarze hielt sie fest. Ich ging um den Tresen herum, stieg über die Trümmer hinweg und verließ das Restaurant durch den Hinterausgang.

Die Lastwagen standen einer hinter dem anderen. Jenseits der Kiesauffahrt war der Wäschereiwagen stehengeblieben. Er knurrte wie ein bösartiger Hund. Eine falsche Bewegung, und er hätte mich umgemäht. Die Sonne ließ seine leere Windschutzscheibe aufblitzen, und ich hatte nackte Angst. Ich blickte in das Gesicht eines Idioten.

Ich stellte die Pumpe an und nahm die Zapfpistole vom Haken. Dann öffnete ich den ersten Tankverschluß und ließ den Treibstoff einlaufen.

Nach einer halben Stunde hatte ich den ersten Tank leergepumpt und ging zur nächsten Zapf-

stelle. Ich pumpte abwechselnd Benzin und Diesel-
öl. Die Reihe der Lastwagen nahm kein Ende. Und
langsam dämmerte es mir. Überall im ganzen Land
taten Leute dasselbe wie ich, wenn sie nicht tot im
Dreck lagen, Reifenspuren auf den zerquetschten
Leibern.

Der zweite Tank war leer, und ich ging zur dritten
Zapfstelle. Die Sonne brannte vom Himmel, und
ich hatte Kopfschmerzen vom Benzindunst. Im weichen Gewebe zwischen Daumen und Zeigefinger
sprangen Blasen auf. Aber das konnten sie nicht
wissen. Sie kannten nur undichte Ölfilter, schad-
hafte Dichtungen und defekte Kardangelenke. Sie
kannten keine Blasen und keinen Sonnenstich und
nicht das menschliche Bedürfnis, laut zu schreien.
Sie brauchten nur eins über ihre früheren Herren zu
wissen, und sie wußten es. Wir bluten.

Der letzte Tank war leer, und ich ließ den
Schlauch fallen. Immer mehr Wagen fuhren vor. Ich
drehte den Kopf, um die Starre im Genick zu lösen.
Sie fuhren über den Parkplatz auf die Straße hinaus,
zwei oder drei nebeneinander. Es war die alptraumhafte Vision des Los Angeles Freeway zur Haupt-
verkehrszeit. Ihre heißen Auspuffgase ließen den
Horizont flimmern. Die Luft stank nach verbrann-
tem Treibstoff.

»Tur mir leid«, sagte ich. »Alles leer, Jungs.«

In diesem Augenblick hörte ich ein dumpferes
Dröhnen, das den Boden erzittern ließ. Ein riesiges

silberglänzendes Fahrzeug fuhr heran. Ein Tankwagen. An der Seite las ich: »Tanken Sie Phillips 66 – den Jetport-Treibstoff«!

Hinten wurde ein schwerer Schlauch ausgefahren.

Ich rannte hin, nahm den Schlauch und öffnete den Tankdeckel. Ich führte den Schlauch ein, und der Wagen fing an zu pumpen. Der Gestank brachte mich fast um – genau diesen Gestank müssen die Dinosaurier gerochen haben, als sie sterbend in den Teergruben versanken. Ich füllte die beiden anderen Tanks und machte mich wieder an die Arbeit.

Ich vergaß Zeit und Raum. Ich vergaß die Lastwagen. Ich drehte Tankverschlüsse auf und ließ den Treibstoff einlaufen. Dann schraubte ich die Tanks wieder zu, einen nach dem anderen. Die Blasen an meinen Händen platzten auf, und Eiter lief mir über die Handgelenke. Mein Kopf schmerzte wie ein fauler Zahn, und von dem Benzingestank drehte sich mir der Magen um.

Ich fürchtete, die Besinnung zu verlieren, und das wäre das Ende. Ich würde bis zum Umfallen pumpen.

Dann legten sich Hände auf meine Schulter, die dunklen Hände des Mannes vom Tresen. »Gehen Sie rein«, sagte er. »Ruhen Sie sich aus. Ich mache weiter, bis es dunkel wird. Versuchen Sie, ein wenig zu schlafen.«

Ich reichte ihm den Schlauch.

Aber ich kann nicht schlafen.

Das Mädchen schläft. Sie hockt in der Ecke, und ihr Kopf liegt auf dem Tischtuch. Selbst im Schlaf hat sich ihr Gesicht nicht entkrampft. Ein zeitloses Gesicht, dessen Alter man nicht bestimmen kann. Ich werde sie bald wecken. Der Schwarze ist schon seit fünf Stunden draußen.

Sie kommen immer noch. Ich schaue durch das zertrümmerte Fenster und sehe ihre Scheinwerfer über eine Meile weit. Wie gelbe Saphire leuchten sie in der zunehmenden Dunkelheit. Die Wagen stauen sich bis zur Interstate, vielleicht sogar noch weiter.

Bald ist das Mädchen an der Reihe. Ich werde es ihr zeigen. Sie wird sagen, daß sie es nicht kann, aber sie wird es tun.

Sie will leben.

Wollen Sie sich zu ihrem Sklaven machen? hatte der Schwarze gesagt. *Wollen Sie den Rest Ihres Lebens damit verbringen, Ölfilter zu wechseln, wenn eins dieser Dinger hupt?*

Wir könnten vielleicht weglaufen. Wir könnten leicht den Abwassergraben erreichen, zumal sie jetzt alle eingekeilt stehen. Wir könnten aufs freie Feld gelangen und in die Sümpfe laufen, wo Lastwagen im Schlamm versinken wie die Mastodons, und sie würden dann –

– *in ihre Höhlen zurückkehren.*

Mit Holzkohle Bilder zeichnen. Dies ist der

Mondgott. Dies ist ein Baum. Dies ist ein Mac-Lastwagen, der einen Jäger erlegt.

Aber das geht nicht. Die ganze Welt ist zubetoniert. Selbst die Spielplätze sind betoniert. Und für die Felder und Sümpfe gibt es Tankwagen, Raupenfahrzeuge und Tieflader, alle mit Laser und Maser ausgerüstet und mit Radargeräten, die auf Hitze ansprechen. Und ganz allmählich machen sie aus unserer Welt die Welt, die sie wollen.

Ich sehe unzählige Lastwagen, die den Sumpf von Okefenokee mit Sand zuschütten. Ich sehe Planierraupen unsere Naturschutzgebiete einebnen und in eine weite flache Wüste verwandeln.

Aber es sind Maschinen. Ganz gleich, was mit ihnen los ist, ganz gleich, welches kollektive Bewußtsein wir ihnen verliehen haben, *sie können sich nicht fortpflanzen*.

In fünfzig oder sechzig Jahren sind sie Wracks, die vor sich hinrosten und von denen keinerlei Bedrohung mehr ausgeht, starre Leichen, die von freien Menschen angespuckt und mit Steinen beworfen werden.

Und wenn ich die Augen schließe, sehe ich die Fließbänder in Detroit und Dearborn und Youngstown und Mackinac, wo Männer in blauen Overalls neue Lastwagen zusammenbauen. Sie stechen keine Uhren mehr. Sie fallen um und werden ersetzt.

Der Mann vom Tresen kann kaum noch stehen.

Er ist ja schon ein alter Kerl. Ich muß das Mädchen wecken.

Ich sehe die Kondensstreifen von zwei Flugzeugen am Himmel, der immer dunkler wird.

Könnte ich doch nur glauben, daß Menschen in ihnen sitzen.

Kinder des Zorns

Burt schaltete das Radio ein, zu laut, aber er ließ es so, weil es ohnehin nichts mehr gab, was er hätte sagen können. Er wollte es nicht wahrhaben, aber es war hoffnungslos.

Vicky sagte irgend etwas.

»Was?« schrie er.

»Mach leiser! Willst du mir die Trommelfelle zerreißen?«

Er unterdrückte mühsam die Bemerkung, die ihm auf der Zunge lag, und stellte das Radio leiser.

Vicky fächerte sich mit ihrem Halstuch frische Luft zu, obwohl der T-Bird über eine Klimaanlage verfügte. »Wo sind wir überhaupt?«

»Nebraska.«

Sie sah ihn kalt und ausdruckslos an. »Sicher, Burt. Ich weiß, daß wir in Nebraska sind, Burt. Aber wo zur Hölle *sind* wir?«

»Du hast die Straßenkarte. Sieh nach. Oder kannst du nicht lesen?«

»Blödsinn. Aber seit wir die Schnellstraße verlassen haben, können wir uns an dem Anblick von dreihundert Meilen Mais erfreuen. Und an der Intelligenz und Klugheit von Burt Robeson.«

Er umklammerte das Lenkrad so fest, daß seine Knöchel weiß hervortraten. Er mußte es so fest halten. Wenn er losließ, würde sich eine seiner Hände selbständig machen und die Ex-Schönheitskönigin neben ihn in den Sitz hineinprügeln. Wir sind hier, um unsere Ehe zu retten, dachte er. Ja. Und ungefähr so erfolgreich, wie Schreien gegen fallende Bomben schützt.

»Vicky«, sagte er vorsichtig, »Seit wir aus Boston losgefahren sind, bin ich fünfzehnhundert Meilen auf der Schnellstraße geblieben. Ich habe die ganze Zeit allein hinter dem Steuer gesessen, weil du dich weigerst, zu fahren. Dann–«

»Ich habe mich nicht geweigert!« sagte Vicky hitzig. »Aber du weißt, daß ich vom langen Fahren Kopfschmerzen bekomme–«

»Dann habe ich dich gebeten, mich mit der Karte über die Landstraße zu lotsen, und du hast gesagt, sicher, Burt. Genau das waren deine Worte. Sicher, Burt. Und–«

»Manchmal frage ich mich, wie ich dich jemals heiraten konnte.«

»Indem du ein kleines Wort gesagt hast.«

Sie starrte ihn einen Moment mit zusammengepreßten Lippen an, ehe sie den Atlas wieder zur

Hand nahm und heftig darin zu blättern begann.

Es *war* ein Fehler gewesen, die Schnellstraße zu verlassen, dachte Burt mürrisch. Aber sie hatten während dieser Zeit wenigstens versucht, sich gegenseitig wie menschliche Wesen zu behandeln. Und für eine Weile hatte es sogar so ausgesehen, als ob diese Fahrt zur Küste – angeblich, um Vickys Bruder und seine Frau zu besuchen, aber in Wahrheit ein letzter, verzweifelter Versuch, ihre Ehe zu retten – ihren Zweck erfüllen würde.

Aber seit sie die Hauptstraße verlassen hatten, war es wieder schlimmer geworden. Wie schlimm? Nun, schlimm genug.

»Wir haben die Schnellstraße bei Hamburg verlassen, nicht?«

»Richtig.«

»Da kommt nichts mehr bis Gatlin«, sagte sie. »Zwanzig Meilen. Die einzige Ortschaft weit und breit. Was meinst du – können wir anhalten und eine Kleinigkeit essen, oder willst du wieder bis zwei Uhr Nachts durchfahren, wie gestern?«

Er nahm den Blick von der Straße und sah sie an. »Allmählich reicht es mir, Vicky. Von mir aus können wir auf der Stelle umdrehen und nach Hause fahren, damit du zu deinem Anwalt gehen kannst. Wenn wir hier nicht –«

Sie hatte starr geradeaus gesehen, aber plötzlich wandelte sich der Ausdruck auf ihren Zügen, zuerst in Überraschung, dann in Schrecken.

»Burt, sieh nach vorne, du—«

Er blickte gerade noch rechtzeitig nach vorne, um irgend etwas unter der Stoßstange des T-Bird verschwinden zu sehen. Einen Moment später, noch bevor er vom Gas auf die Bremse gehen konnte, fühlte er einen dumpfen, Übelkeit erregenden Schlag zuerst unter den Vorder- dann unter den Hinterrädern. Sie schossen weiter vorwärts, während der Wagen über die Mittellinie schleuderte und schließlich entlang einer schwarzen Bremsspur zum Stehen kam.

»Ein Hund«, sagte er. »Sag mir, daß es ein Hund war, Vicky.«

Ihr Gesicht hatte die Farbe von bleichem Hüttenkäse angenommen. »Ein Junge. Ein kleiner Junge. Er kam aus dem Feld gelaufen und ... Herzlichen Glückwunsch, Tiger.«

Sie fingerte die Tür auf, lehnte sich hinaus, stand auf.

Burt saß starr hinter dem Lenkrad des T-Bird, die Hände noch immer darum gekrampft. Er spürte nichts mehr außer dem dunklen kräftigen Geruch von Kunstdünger.

Dann bemerkte er, daß Vicky fort war, und als er in den Außenspiegel schaute, sah er sie ungelenk auf etwas zustolpern, das wie ein Bündel Lumpen auf der Straße lag. Sie war eine anmutige Frau, aber von einem Moment zum anderen war ihre äußere Erscheinung zerstört worden.

58

Mord. So werden sie es nennen. Ich habe nicht auf die Straße geachtet.

Er stellte die Zündung ab und stieg aus. Der Wind fuhr sanft durch den mannshohen Mais und erzeugte ein Geräusch wie ein leises Atmen. Vicky stand jetzt über dem Lumpenbündel, und er konnte sie schluchzen hören.

Er war auf halbem Wege zwischen ihr und dem Wagen, als irgend etwas, ein greller Spritzer wie rote Scheunenfarbe zu seiner Linken, seine Aufmerksamkeit erregte.

Er blieb stehen und starrte ins Maisfeld. Er dachte daran (irgend etwas, ganz egal, nur etwas, das ihn von diesem Lumpenbündel, das kein Lumpenbündel war, ablenkte), daß es eine phantastisch gute Ernte werden müßte. Der Mais wuchs in dichten, überreifen Reihen. Man konnte sich in diesen engen, schattigen Reihen verirren und einen ganzen Tag lang nach dem Ausweg suchen. Aber hier war die wogende Wand durchbrochen. Eine Reihe von Ähren waren gebrochen oder zur Seite gebogen. Und was war das dort hinten in den Schatten?

»Burt!« schrie Vicky. »Willst du nicht herkommen und dir ansehen, was du getan hast? Du kannst deinen Pokerfreunden zuhause davon erzählen. Willst du nicht—« Der Rest des Satzes ging in einem Strom von Tränen unter. Ihr Schatten schmiegte sich um ihre Füße wie ein dunkler See. Es war genau Mittag.

Über ihm schlossen sich die Schatten, als er in das Feld eindrang. Die rote Scheunenfarbe war Blut. Ein Fliegenschwarm erhob sich summend, kreiste einen Moment und verschwand... vielleicht, um anderen von ihrer Entdeckung zu berichten. Aber es konnte doch nicht so weit gespritzt sein? Und dann stand er vor dem Ding, das er von der Straße aus gesehen hatte. Er nahm es auf.

Die säuberlichen Reihen waren an dieser Stelle zerstört. Eine Anzahl von Halmen war wie betrunken zur Seite geneigt, zwei andere glatt abgebrochen. Der Boden war zerwühlt. Da war Blut. Der Mais raschelte. Mit einem leisen Schaudern ging er zur Straße zurück.

Vicky gab hysterische, sinnlose Laute von sich, lachte, weinte. Wer hätte ahnen können, daß es so melodramatisch enden würde? Er sah sie an, aber er fühlte keine Identitätskrise, keinen Wandel in seinem Leben oder sonst etwas von diesem neumodischen Kram. Er haßte sie. Er versetzte ihr einen harten Schlag ins Gesicht.

Sie verstummte für einen Moment und hob die Hand an die roten Abdrücke seiner Finger auf ihrer Wange. »Du wirst ins Gefängnis gehen, Burt«, sagte sie feierlich.

»Das glaube ich kaum«, sagte er, während er ihr den Handkoffer, den er im Feld gefunden hatte, vor die Füße warf.

»Was–?«

»Ich weiß es nicht. Aber vermutlich gehört es ihm.« Er deutete auf den reglos ausgestreckten Körper, der mit dem Gesicht nach unten auf der Straße lag. Nicht älter als dreizehn, auf den ersten Blick.

Der Koffer war alt. Das braune Leder war zerschrammt und abgestoßen. Eine Wäscheleine war zweimal darumgewickelt und ungeschickt verknotet. Vicky beugte sich herab und schrak zurück, als sie das Blut in dem Knoten sah.

Burt kniete nieder und drehte den Körper vorsichtig um.

Vicky starrte hilflos zu Boden. »Ich will ihn nicht sehen«, sagte sie. Aber als sie in das blinde Gesicht des Toten sah, begann sie erneut zu weinen. Das Gesicht des Jungen war schmutzig, der Ausdruck darauf eine Grimasse des Grauens. Seine Kehle war durchgeschnitten.

Burt stand auf und nahm Vicky in die Arme, als sie zu wanken begann. »Beherrsch dich«, sagte er sehr leise. »Hörst du mich, Vicky? Fall jetzt nicht in Ohnmacht.«

Er sagte es wieder und immer wieder, und schließlich reagierte sie auf seine Stimme und klammerte sich an ihm fest. Sie hätten zwei Tänzer sein können, wie sie da auf der sonnenüberfluteten Straße neben dem toten Jungen standen.

»Vicky?«

»Was?« murmelte sie in sein Hemd.

»Geh zurück zum Wagen und steck die Schlüssel

ein. Und dann nimmst du die Decke und das Gewehr vom Rücksitz und bringst sie her.«

»Das Gewehr?«

»Jemand hat ihm die Kehle durchgeschnitten. Vielleicht beobachtet er uns jetzt gerade.«

Ihr Kopf flog in den Nacken, und der Blick ihrer schreckgeweiteten Augen richtete sich auf den Mais, eine wogende, auf- und absteigende Decke, die das Land bedeckte, so weit ihr Blick reichte.

»Ich glaube, daß er fort ist. Aber warum sollen wir ein Risiko eingehen? Geh. Bring es her.«

Sie ging steif, ihrem Schatten folgend, in der Mittagshitze zurück zum Wagen. Burt hockte sich neben den Jungen, während sie sich über den Rücksitz beugte. Weiß, keine besonderen Kennzeichen. Überfahren, ja, aber der T-Bird hatte ihm nicht die Kehle durchgeschnitten. Es war ein unsauberer, zerfetzter Schnitt – der Mörder war niemals in der Armee gewesen und hatte dort die Feinheiten des Tötens gelernt – aber er war tödlich. Trotzdem war er noch zehn Meter durch das Maisfeld gestolpert, tot oder tödlich verwundet. Und Burt Robeson hatte ihn überfahren. Aber selbst, wenn er noch gelebt hatte, als ihn der Wagen erfaßte, so machte das höchstens einen Unterschied von dreißig Sekunden.

Vicky tippte ihn auf die Schulter, und er sprang auf.

Sie trug die braune Army-Decke über dem linken

Arm, das Gewehr – noch in der Hülle – in der rechten Hand, das Gesicht abgewandt. Er nahm die Decke und breitete sie auf der Straße aus. Vicky gab ein verzweifeltes kleines Stöhnen von sich, als er den Körper daraufrollte.

»Bist du okay?« Er sah zu ihr auf. »Vicky?«

»Okay«, sagte sie gepreßt.

Er schlug die Seiten der Decke über den Körper und stemmte ihn hoch. Das schwere, tote Gewicht versuchte seine Arme durchzudrücken und seinem Griff zu entgleiten. Er packte es fester, und sie gingen zurück zum Wagen.

»Mach die Klappe auf«, murmelte er.

Die Ladefläche war vollgepackt mit Reiseutensilien, Koffern und Souvenirs. Vicky warf das meiste davon auf den Rücksitz, und Burt legte den reglosen Körper in den Wagen und warf die Heckklappe, sichtlich erleichtert, zu. Vicky stand neben der Fahrertür, das verpackte Gewehr noch immer fest umklammert.

»Wirf es auf den Rücksitz und steig ein.«

Er sah auf die Uhr; es waren gerade fünfzehn Minuten vergangen. Aber es schienen Stunden gewesen zu sein.

»Was ist mit dem Koffer?« fragte sie.

Er ging zurück zu dem Koffer, der wie der zentrale Punkt eines impressionistischen Gemäldes neben der weißen Mittellinie stand. Mit zitternden Händen nahm er ihn auf, stockte für einen

Moment. Plötzlich hatte er das starke Gefühl, beobachtet zu werden. Es war die Art von Gefühl, über die er in Büchern gelesen hatte, zumeist in schlechten Romanen, ein Gefühl, das er immer angezweifelt hatte. Jetzt tat er es nicht mehr. Vielleicht waren Leute dort im Feld, viele vielleicht, und vielleicht schätzten sie gerade eiskalt ab, ob die Frau Zeit genug finden würde, das Gewehr aus seiner Hülle zu ziehen und zu benutzen, bevor sie ihn schnappen und zwischen die schattigen Reihen zerren, ihm die Kehle durchschneiden konnten . . .

Mit klopfendem Herzen rannte er zum Wagen zurück, zog den Schlüssel von der Heckklappe ab und stieg ein. Vicky hatte wieder zu weinen begonnen. Sie fuhren los, und nach weniger als einer Minute war der Platz, an dem es passiert war, bereits aus dem Rückspiegel verschwunden.

»Wie hieß noch mal die nächste Stadt?« fragte er.

»Oh.« Sie beugte sich wieder über den Atlas. »Gatlin. Wir müßten in zehn Minuten da sein.«

»Sieht es groß genug aus, um eine eigene Polizeistation zu haben?«

»Nein. Nur ein Punkt auf der Karte.«

»Vielleicht haben sie einen Constabler.«

Sie fuhren eine Weile schweigend weiter. Ein Silo glitt links an ihnen vorbei. Sonst nichts als Mais. Nicht einmal ein Farmwagen kam ihnen entgegen.

»Sind wir irgend jemandem begegnet, seit wir die Schnellstraße verlassen haben, Vicky?«

Sie dachte einen Moment nach. »Ein Wagen und ein Traktor. An der Kreuzung.«

»Nein, ich meine auf dieser Straße. Route 17.«

»Nein, ich glaube nicht.« Noch vor kurzem hätte sie diese Frage zum Anlaß einer spitzen Bemerkung werden lassen. Jetzt starrte sie nur wortlos auf die Straße und die endlose, unterbrochene weiße Linie vor dem Fenster.

»Vicky? Kannst du den Koffer aufmachen?«

»Glaubst du, es würde etwas ändern?«

»Keine Ahnung. Möglich.«

Während sie die Knoten öffnete (ihr Gesicht hatte eine seltsame Starre angenommen – ausdruckslos, aber die Lippen fest zusammengekniffen – und erinnerte Burt absurderweise an seine Mutter, während sie die Innereien des Sonntagshähnchens herausnahm), schaltete er das Radio wieder ein.

Der Sender, dem sie bisher zugehört hatten, war jetzt von statischem Rauschen überlagert, und Burt ließ die rote Nadel langsam über die Skala gleiten.

Ein landwirtschaftlicher Report. Buck Owens. Tammy Wynette. Alles weit entfernt, verzerrt bis zur Unverständlichkeit. Dann, fast am Ende der Skala, schmetterte ein einzelnes Wort aus dem Lautsprecher, so laut und klar, als befänden sich die Lippen des Sprechers direkt hinter dem Lautsprechergrill im Armaturenbrett.

»Buße!« donnerte die Stimme.

Burt gab einen überraschten Laut von sich. Vicky fuhr zusammen.

»NUR DURCH DAS BLUT DES LAMMES SIND WIR SICHER!« schrie die Stimme. Burt drehte die Lautstärke hastig herunter. Der Sender mußte nahe sein. So nah, daß... ja, da war er, ein spinnenfüßiges rotes Dreibein, das hoch gegen das Blau des Horizontes aus dem Mais ragte. Der Sendeturm.

»Büßen heißt das Wort, Brüder und Schwestern«, sagte die Stimme, nun schon nicht mehr ganz so theatralisch. Im Hintergrund, weiter weg vom Mikrophon, erklang ein vielstimmiges Amen. »Ihr glaubt, ihr könntet in die Welt hinausgehen, könntet in ihr leben und arbeiten, ohne von ihr besudelt zu werden. Aber ist es das, was uns das Wort Gottes sagen will?«

Weiter fort, aber laut: »Nein!«

»HEILIGER JESUS!« donnerte der Prediger, und seine Worte kamen jetzt in einer kraftvollen, hämmernden Kaskade, wie der Rhythmus einer Rock 'n' Roll-Gruppe. »Wann werden sie einsehen, daß der Lohn des Lebens erst auf der anderen Seite ausgezahlt wird? Nun? Nun? Der Herr sagt, daß in seinem Haus viele Zimmer sind. Aber da ist kein Platz für die Ehebrecher. Kein Platz für die Lüsternen. Kein Platz für die, die unseren Mais besudeln. Kein Platz für die Homosexuellen. Kein Platz –«

Vicky schaltete das Radio aus. »Dieses Gestammele macht mich krank.«

»Was hat er gesagt?« fragte Burt. »Er sagte irgend etwas über Mais.«

»Ich habe nicht hingehört.« Sie zupfte noch immer an den Knoten herum.

»Er hat irgend etwas über Mais gesagt. Ich bin sicher.«

»Ich habe es!« sagte Vicky. Der Deckel des Koffers fiel auf ihren Schoß. Sie passierten ein Schild: GAT-LIN 5 MEILEN. DENKEN SIE AN UNSERE KIN-DER – FAHREN SIE VORSICHTIG. Geschosse vom Kaliber 22 hatten Löcher in das Schild gerissen.

»Socken«, sagte Vicky. »Zwei Paar Haus-schuhe . . . ein Hemd . . . ein Gürtel . . . ein Halstuch mit . . .« Sie hielt es hoch und zeigte ihm die schmale, vergoldete Klammer mit der eingravierten Figur. »Wer soll das sein?«

Burt sah es an. »Hopalong Cassidy, vermutlich.«

»Oh.« Sie legte es zurück und begann wieder zu weinen.

Nach einer Weile sagte Burt: »Was hat dich an diesem Gequatsche im Radio so aufgeregt?«

»Oh, nichts. Aber ich habe als Kind genug davon gehört. Ich habe dir doch davon erzählt.«

»Findest du nicht, daß er sich ein bißchen jung anhört? Dieser Prediger?«

Sie lachte humorlos. »Ein Teenager, was sonst? Das ist ja das Grausame daran. Sie wissen genau, wann sie dich kriegen können. Wenn du jung bist und für alles aufgeschlossen. Du hättest eines dieser Sommerlager erleben sollen, zu denen mich meine Eltern geschickt haben... Eines von diesen Lagern, in denen du unter ›liebevoller Obhut‹ warst.

Warte... da war Baby Hortense, das Singende Wunder. Sie war acht. Sie sang: ›Gebe dich in seine Arme‹, während ihr Vater mit dem Klingelbeutel herumging und predigte: ›Laßt dieses Kind nicht aus Gottes Gnade fallen‹. Oder Norman Staunton. Er trug kurze Hosen und predigte Höllenfeuer und Schwefel. Er war sieben.«

Sie nickte bekräftigend, als sie seinen ungläubigen Blick sah.

»Oh, es waren nicht nur die beiden. Eine Menge von ihnen waren damals auf Tournee. Sie waren gute *Zugpferde*.« Sie spie das Wort regelrecht aus. »Ruby Stempnell. Eine zehnjährige Gesundbeterin. Die Grace-Schwestern. Sie traten mit kleinen Messing-Heiligenscheinen über den Köpfen auf und – *oh*!«

»Was ist los?« Er fuhr herum, um zu sehen, was sie in der Hand hielt. Vicky sah den Gegenstand, den sie auf dem Boden des Koffers gefunden hatte, nachdenklich an. Während sie sprach, hatten ihre bedächtig suchenden Hände es in dem Durcheinander des Kofferbodens ertastet und nach oben gebracht. Burt beugte sich neugierig herüber, und sie gab es ihm wortlos.

Es war ein Kruzifix, aus zwei ehemals grünen,

aber jetzt längst vertrockneten Ähren gefertigt. Ein einzelner Maiskolben war mit einem dünnen Faden daran befestigt. Der Großteil der Kerne war vorsichtig mit einem Taschenmesser entfernt worden. Die Übriggebliebenen bildeten eine rohe, reliefartig hervorstehende Kreuzform. Kornaugen, mit einem dünnen, senkrechten Schlitz als Pupillen. Ausgestreckte Kornarme, die Beine zusammengelegt und in der rohen Nachbildung nackter Füße endend. Darüber waren vier Buchstaben in den weißlichen Kolben graviert: INRI.

»Das ist eine phantastische Arbeit!« sagte er.

»Es ist abscheulich«, sagte Vicky gepreßt. »Wirf es weg.«

»Die Polizei wird es sehen wollen, Vicky.«

»Warum?«

»Ich weiß es nicht. Vielleicht –«

»Wirf es weg, bitte. Tu mir den Gefallen. Ich will es nicht im Wagen haben.«

»Ich lege es zurück. Sobald wir einen Polizisten sehen, werden wir es auf die eine oder andere Weise los. Ich verspreche es. Okay?«

»Mach doch, was du willst!« schrie sie. »So wie immer!«

Verwirrt legte er das Ding zurück auf den unordentlichen Kleiderhaufen. Die Kornaugen starrten versunken gegen die Decke des T-Bird. Er nahm es noch einmal heraus. Sand rieselte aus den Kleidern im Koffer.

»Wir übergeben den Toten und alles, was er bei sich hatte, an die Polizei«, versprach er. »Dann sind wir es los.«

Vicky antwortete nicht. Sie starrte auf ihre Hände herab.

Nach einer Meile begannen die endlosen Felder allmählich von der Straße zurückzuweichen, und sie sahen die ersten Farmhäuser. Ein paar schmuddelige Hühner pickten dicht neben der Straße rastlos auf dem Boden herum. Auf den Dächern der Scheunen prangte Coca-Cola, Kaugummi- und Zigarettenreklame. Sie passierten ein Schild, auf dem: NUR JESUS RETTET EUCH! stand. Dann kam ein kleines Café mit einer Conoco-Tankstelle, aber Burt fuhr vorbei, um zur Stadtmitte zu kommen; falls es eine gab. Wenn nicht, würden sie zu diesem Café zurückfahren. Aber der Gedanke kam ihm erst, als sie am Parkplatz des Cafés vorbeifuhren. Er war leer bis auf einen verrosteten Schrotthaufen, der auf zwei platten Reifen stand.

Vicky begann plötzlich zu lachen; ein hoher, kichernder Laut, der Burt wie der Vorbote eines hysterischen Anfalles vorkam.

»Was findest du so komisch?«

»Die Schilder«, kicherte sie. »Hast du sie nicht gelesen? So kindisch können sie gar nicht mehr sein, wenn sie diese Bibelsprüche aufgestellt haben.

Herrgott, da vorne sind noch mehr.« Ein neuer Anfall von hysterischem Gelächter schüttelte sie, und sie schlug hastig die Hände vor den Mund.

Jedes Schild hatte nur ein einziges Wort. Sie reihten sich im Abstand von vielleicht fünfundzwanzig Metern entlang der Straße, die Schrift auf weißem Grund, verblichen und verdreckt. Burt las:

EINE... WOLKE... AM... TAG... EINE... FLAMMEN-SÄULE... BEI... NACHT.

»Sie haben nur eines vergessen«, sagte Vicky, immer noch hilflos kichernd.

»Was?« fragte Burt stirnrunzelnd.

»Die Mönche aus Burma.« Sie preßte die Faust fest gegen den Mund und versuchte, gegen das Lachen anzukämpfen.

»Vicky, bist du in Ordnung?«

»Ich werde es sein. Sobald wir tausend Meilen von hier weg sind und die Rockys zwischen uns und Nebraska haben, in Kalifornien.«

Eine neue Reihe von Schildern tauchte vor ihnen auf.

NEHMT... DIES... UND... LABET... EUCH... SAGT... GOTT... DER... HERR.

Warum nur, dachte Burt, bringe ich diesen seltsamen Satz sofort mit dem Mais in Verbindung? Benutzen sie nicht die gleichen Worte bei der Kommunion? Sein letzter Kirchenbesuch lag schon so weit zurück, daß er sich nicht mehr genau daran erinnern konnte. Es hätte ihn nicht einmal überrascht, wenn sie in dieser Gegend für die heilige Hostie Maisbrot verwendet hätten. Er öffnete den Mund, wollte es Vicky sagen, aber dann hielt er es doch für besser, zu schweigen.

Nachdem sie eine leichte Anhöhe überquert hatten, breitete sich Gatlin unter ihnen aus, aufgeteilt in drei Komplexen, wie die Szenerie eines Kinofilms über die Weltwirtschaftskrise.

»Hier wird es mit Sicherheit einen Constabler geben«, sagte Burt, während er sich fragte, warum ihm beim Anblick dieser hinterwäldlerischen Stadt, die dort in der Mittagssonne vor sich hindöste, ein beklemmendes Gefühl den Atem zu nehmen drohte.

Sie kamen an einem Verkehrsschild vorbei, das die Höchstgeschwindigkeit auf dreißig Meilen begrenzte, und dann tauchte ein anderes, verrostetes Schild mit folgendem Wortlaut auf: SIE KOMMEN JETZT NACH GATLIN, DER NETTESTEN KLEINEN STADT IN NEBRASKA – UND IN DER ÜBRIGEN WELT! 5431 EIN-WOHNER.

Staubige Ulmen umsäumten beide Straßenseiten, die meisten waren verkrüppelt. Sie passierten den Holzplatz von Gatlin und eine 76-Tankstelle, deren Preisschilder sanft im heißen Mittagswind schwangen: NORMAL 35,9 SUPER 38,9 und ein zusätzliches mit dem Hinweis: DIESEL FÜR LASTWAGEN AUF DER RÜCKSEITE.

Sie überquerten die Elm Street, dann die Birch

Street und gelangten auf den Marktplatz. Holzhäuser mit überdachter Veranda rahmten ihn ein. Rechteckig und funktional. Die Rasenstücke waren gelb und niedergedrückt. Vor ihnen bewegte sich gemächlich eine Promenadenmischung auf die Mitte der Maple Street zu, sah einen Moment lang zu ihnen herüber und legte sich dann nieder, mit der Nase auf den Pfoten.

»Halt an«, sagte Vicky. »Halte hier.«

Burt fuhr gehorsam an den Straßenrand ran.

»Dreh um. Laß uns den Jungen nach Grand Island bringen. Das ist doch gar nicht mehr weit, oder? Nun mach schon.«

»Was ist los, Vicky?«

»Was meinst du mit: Was ist los?« fragte sie in einem Tonfall, der eine Spur zu schrill klang. »Diese Stadt ist ausgestorben, Burt. Außer uns ist niemand hier. Spürst du es denn nicht?«

Er hatte etwas gespürt, und er spürte es immer noch. Aber –

»Schon möglich«, sagte er. »Aber das Nest ist so winzig, daß sie bestimmt nur einen Hydranten haben. Wahrscheinlich sind sie alle bei einem Volksfest mit Kuchenverkauf und Bingospiel.«

»*Es ist niemand hier.*« Sie sprach die Worte seltsam gefaßt aus. »Hast du vorhin nicht die Tankstelle gesehen?«

»Sicher, beim Holzplatz, warum?« Seine Gedanken waren woanders, lauschten dem stumpfsinni-gen Summen einer Zikade, die sich in einer der nahen Ulmen eingrub. Es roch nach Mais, blühenden Rosen und nach Dünger – wie hier nicht anders zu erwarten war. Zum ersten Mal hatten sie sich von der Schnellstraße entfernt und eine Stadt aufgesucht. Eine Stadt in einem Staat, in dem er noch nie zuvor gewesen war (obwohl er sie einige Male mit einer 747 der United Airlines überflogen haben mußte), und irgendwie löste das in ihm ein seltsames Gefühl aus. Irgendwo weiter vor ihnen würde ein Drugstore mit einem Zapfhahn für Sodawasser sein, ein Kino mit dem Namen Bijou, eine Schule, die man nach John F. Kennedy benannt hatte.

»Burt, auf den Preisschildern stand, daß Normal 35,9 kostete und Super 38,9. Wie lange ist es eigentlich her, daß solche Preise üblich waren?«

»Wenigstens vier Jahre«, gab er zu. »Aber, Vicky –«

»Wir sind mitten in der Stadt, Burt, und ich habe bis jetzt noch kein Auto gesehen! *Kein Auto!*«

»Grand Island ist 70 Meilen entfernt. Es würde etwas komisch aussehen, wenn wir ihn dorthin bringen würden.«

»Das ist mir egal.«

»Nun hör mal, wir fahren jetzt zum Gerichtsgebäude und –«

»Nein!«

Da hatten sie es wieder. Darum zersplittert unsere Ehe in tausend Stücke. Nein, ich will nicht mehr. No, Sir. Und wenn du nicht tust, was ich will, dann halte ich die Luft an, bis ich blau anlaufe.

»Vicky«, sagte er.

»Ich möchte hier weg, Burt.«

»Vicky, hör mir zu.« »Dreh um. Laß uns abhauen.«

»Vicky, würdest du vielleicht mal eine Minute ruhig sein?«

»Sobald wir aus der Stadt herausfahren. Nun mach schon.«

»*Wir haben ein totes Kind im Kofferraum!*« brüllte er sie an, und er beobachtete mit einem diabolischen Vergnügen, wie sie zurückschreckte, wie ihr Gesicht einfiel. In einem ruhigeren Tonfall fuhr er fort: »Man hat dem Jungen die Kehle durchgeschnitten und ihn auf die Straße geworfen, und ich habe ihn überfahren. Deswegen fahre ich jetzt zum Gerichtsgebäude oder was auch immer sie hier haben, und ich werde es melden. Aber wenn du zurückgehen willst, dann bitte. Ich werde dich wieder auflesen. Aber erzähl mir nicht, daß wir drehen und 70 Meilen nach Grand Island fahren sollen, als ob wir nichts als eine Tasche voll Plunder im Kofferraum hätten. Er wird wohl der Sohn einer Mutter sein, und ich werde es melden, bevor der Mörder über die Hügel entfliehen kann.«

»Du Bastard«, sagte sie weinend. »Was mache ich nur mit dir?«

»Das weiß ich nicht«, sagte er. »Ich weiß überhaupt nichts mehr. Aber das ändert überhaupt nichts an der Situation, Vicky.«

Er fuhr vom Straßenrand los. Der Hund hob den Kopf in der flüchtigen Art eines Dösenden und ließ den Kopf dann wieder auf die Pfoten sinken.

Sie fuhren weiter ins Zentrum. An der Ecke von Haupt- und Einkaufsstraße gabelte sich die Hauptstraße. Dort lag tatsächlich eine Art Festwiese mit einem Musikpavillon in der Mitte. Auf der anderen Seite, wo sich die Hauptstraße wieder vereinte, standen zwei Verwaltungsgebäude. Burt entzifferte eine der Inschriften: GATLIN-STADT-ZENTRUM.

»Das ist es«, sagte er. Vicky erwiderte nichts.

Auf halbem Wege bremste Burt erneut ab. Sie hielten bei einer Imbißstube, der Gatlin-Bar-und-Grill.

»Wohin gehst du?« fragte Vicky nervös, als er seine Tür öffnete.

»Ich will herausfinden, wo sie alle geblieben sind. Nach dem Schild am Fenster zu urteilen, ist es geöffnet.«

»Du kannst mich doch hier nicht allein lassen.«

»Dann komm doch mit. Wer hält dich denn auf?«

Sie entsicherte ihre Tür und stieg aus, als er gerade den Wagen umrundete. Er sah ihr blasses Gesicht, und einen Moment lang fühlte er Mitleid in sich aufsteigen. Hoffnungsloses Mitleid.

»Hörst du es?« fragte sie, als er auf gleicher Höhe war.

»Was soll ich hören?«

»Das Nichts. Autos. Menschen. Trecker. Nichts.«

Und dann hörten sie einen Block weiter das hohe und fröhliche Gelächter von Kindern.

»Ich höre Kinder«, sagte er.

»Du nicht?«

Sie sah ihn bestürzt an.

Er öffnete die Tür der Imbißstube, und eine trockene sterile Hitze schlug ihm entgegen. Der Boden war staubbedeckt. Die Chromteile waren stumpf. Die Holzlamellen des Sonnenschutzes waren verkantet. Leere Barhocker. Aber der Spiegel hinter der Theke war zertrümmert worden und da war noch irgend etwas anderes... Einen Moment später wußte er, was es war. Die Bieretiketten waren abgerissen worden. Sie lagen auf der Theke – wie ein bizarrer Partyscherz.

Vickys Stimme klang eine Spur zu hysterisch, um fröhlich zu wirken. »Natürlich. Frag doch jemanden. Entschuldigen Sie, mein Herr, aber können Sie mir sagen–«

»Oh, halt doch die Klappe.« Aber seine Stimme klang dumpf und kraftlos. Sie standen in einem Streifen dunstigen Sonnenlichtes, das durch die dicken Scheiben der Imbißstube fiel, und wieder hatte er das Gefühl, beobachtet zu werden, und er dachte an den Jungen, den sie im Kofferraum hatten und an das fröhliche Gelächter der Kinder. Ohne Grund begann ein Satz in seinem Kopf herum zu spuken, ein literarisch klingender Satz, der sich in sturer Regelmäßigkeit wiederholte: *Unbekannter Anblick. Unbekannter Anblick. Unbekannter Anblick.*

Seine Augen glitten über die vergilbte Karte, die mit Reißzwecken hinter der Theke befestigt war: CHEESEBURGER 35 ¢ DER WELTBESTE JOE 10 ¢ ERD-BEER-RHABARBER-STÜCK 25 ¢ HEUTE SPEZIAL HAM-BURGER & ROTE SPEZIALSAUCE/GEMISCHTE PORTION 80 ¢.

Wie lange war es her, daß er in Imbißstuben solche Preise gesehen hatte? Vicky kannte die Antwort. »Sieh dir das an«, sagte sie schrill. Sie deutete auf den Kalender an der Wand. »Es dürfte schon 12 Jahre her sein, daß hier zum letzten Mal gegessen wurde.« Sie stieß ein gequältes Lachen aus.

Er trat näher. Das Bild zeigte zwei Jungen, die in einem Teich schwammen, während ein kleiner frecher Hund ihre Kleidungsstücke wegtrug. Unter dem Bild war zu lesen: MIT DER BESTEN EMPFEHLUNG DER GATLIN HOLZ & EISENWAREN SIE MACHEN'S KAPUTT, WIR REPARIEREN'S WIEDER.

Das Kalenderblatt stammte vom August 1964.

»Das verstehe ich nicht«, stammelte er, »aber ich bin sicher –«

»Du bist sicher!« schrie sie hysterisch. »Sicher bist du sicher! Das ist ja das schlimme mit dir, Burt, dein ganzes Leben lang bist du *sicher* gewesen!«

Er drehte sich zur Tür um, und sie folgte ihm.

»Wohin gehst du?«

»Zum Stadtzentrum.«

»Burt, warum bist du nur so stur? Du weißt, daß hier etwas nicht stimmt. Kannst du es denn nicht zugeben?«

»Ich bin nicht stur. Ich möchte nur das los werden, was wir im Kofferraum mit uns schleppen.«

Sie traten auf den Bürgersteig hinaus, und Burt wurde erneut von der Stille in der Stadt überrascht, von dem Geruch des Düngers. Irgendwie dachte man nie an diesen Geruch, wenn man einen Maiskolben butterte, ihn salzte und hineinbiß. Bestandteile von Sonne, Regen, alle Sorten menschlicher Phosphate und eine gesunde Dosis Kuhdung. Aber irgendwie unterschied sich dieser Geruch von dem, den er in dem ländlichen Hinterland von New York kennengelernt hatte. Man konnte gegen organischen Dünger sagen, was man wollte, aber er hatte irgend etwas fast Wohlriechendes an sich, wenn er im Frühjahr auf die Felder gesprüht wurde. Kein großartiger Geruch, weiß Gott nicht, aber wenn die Abendbrise ihn aufnahm und auf die frisch gepflügten Felder verteilte, löste er gute Assoziationen aus. Es bedeutete, daß der Winter vorrüber war. Es bedeutete, daß sich die Schultüren in ungefähr sechs Wochen schließen und sie alle in den Sommer hinauslassen würden. Es erinnerte ihn an die anderen Gerüche, die wirklich wohlriechend waren: Gras, Klee, frische Erde, Kornblumen.

Aber sie mußten hier irgend etwas anders

machen, dachte er. Der Geruch war ähnlich, aber nicht gleich. Da war ein krankhaft – süßer Unterton. Fast wie Leichengeruch. Als Sanitäter in Vietnam kannte er diesen Geruch nur zu gut.

Vicky saß ruhig im Wagen, hielt das Maiskreuz auf ihrem Schoß und starrte es auf eine Art und Weise an, die Burt gar nicht gefallen wollte.

»Leg das Ding weg«, sagte er.

»Nein«, sagte sie ohne hochzusehen. »Du spielst deine Spiele, und ich spiele meine.«

Er legte einen Gang ein und fuhr um die Ecke. Eine ausgeschaltete Ampel hing über ihnen, schwang in der schwachen Brise. Auf der linken Seite befand sich eine saubere kleine Kirche. Das Gras war geschnitten. Gepflegte Blumen umrahmten einen mit Steinplatten belegten Pfad, der zur Tür führte.

Burt hielt darauf zu.

»Was hast du vor?«

»Ich werde hineingehen und mich etwas umsehen«, sagte Burt. »Es ist der einzige Ort in der Stadt, der nicht so aussieht, als ob man ihn 10 Jahre lang hat im Staub ersticken lassen. Und wirf mal einen Blick auf das Zeremonienbord.«

Sie betrachtete es. Weiße saubere Buchstaben, die unter Glas lagen: DIE MACHT UND ANMUT VON IHM, DER HINTER DEN REIHEN WANDELT. Das Datum war der 24. Juli 1976 – der letzte Sonntag.

»Er, der hinter den Reihen wandelt«, sagte Burt.

»Ich nehme an, daß das einer von den neuntausend Namen ist, die man in Nebraska für Gott benutzt. Kommst du?«

Sie lächelte nicht. »Ich komme nicht mit dir.«

»Gut. Wie du willst.«

»Ich bin nicht mehr in einer Kirche gewesen, seit ich von zu Hause fort bin, und ich will nicht in diese Kirche, und ich will nicht in dieser Stadt sein, Burt. Ich habe Angst, können wir nicht endlich gehen?«

»Es dauert nur eine Minute.«

»Ich habe meine eigenen Schlüssel, Burt. Wenn du nicht in fünf Minuten zurück bist, werde ich wegfahren und dich allein hier lassen.«

»Du wirst doch wohl eine Minute warten können, meine Dame.«

»Genau das habe ich vor. Vorausgesetzt, du benimmst dich nicht wie einer von diesen Schlägertypen und nimmst mir die Schlüssel ab. Ich könnte mir vorstellen, daß du dazu in der Lage wärst.«

»Aber du glaubst nicht, daß ich das tun werde.«

»Nein.«

Ihre Handtasche lag auf dem Sitz zwischen ihnen. Er öffnete sie. Sie schrie auf und griff nach dem Schulterriemen. Er zog ihn aus ihrer Reichweite. Ohne sich die Mühe zu machen, nach dem Schlüssel zu suchen, drehte er die Handtasche einfach um und kippte den Inhalt aus. Ihr Schlüsselbund glitzerte inmitten von Papiertaschentüchern, Kosmetika, Wechselgeld, Einkaufslisten. Sie langte danach, aber er schlug sie erneut und steckte die Schlüssel in seine Tasche.

»Du hast kein Recht, das zu tun«, sagte sie weinend. »Gib sie mir zurück.«

»Nein«, sagte er und sah sie mit kaltem Lächeln an. »Auf keinen Fall.«

»*Bitte, Burt! Ich habe Angst!*« Sie streckte in einer bittenden Geste die Hand aus.

»Du würdest zwei Minuten warten und dann beschließen, daß das lange genug war.«

»Das würde ich nicht –«

»Und dann würdest du lachend davonfahren und zu dir selbst sagen: Das wird Burt zeigen, daß er lieber auf mich hören sollte, wenn ich etwas haben will. War das nicht dein Motto während unseres ganzen Ehelebens? Burt zu zeigen, daß er auf mich hören soll?«

Er stieg aus.

»Bitte, Burt!« rief sie ihm nach und rutschte hastig über den Sitz. »Hör mir doch zu ... ich weiß ... wir fahren aus der Stadt raus und rufen von einer Telefonzelle an, okay? Ich habe alles mögliche Wechselgeld dabei. Ich will nur ... wir können ... *laß mich nicht allein, Burt, du kannst mich hier draußen doch nicht allein lassen!*«

Er schlug die Autotür bei ihrem Aufschrei zu und lehnte sich einen Moment an den T-Bird, die Daumen gegen seine geschlossenen Augen gedrückt. Sie hämmerte gegen das Fenster auf der Fahrerseite und rief seinen Namen. Sie würde einen wundervollen Eindruck hinterlassen, wenn er endlich jemanden gefunden hatte, der sich um den Körper des Kindes kümmern konnte. O ja.

Er drehte sich um und ging den mit Steinplatten belegten Pfad zur Kirche hinauf. Zwei oder drei Minuten, er wollte sich nur mal schnell umsehen, und dann konnten sie weiterfahren. Wahrscheinlich war die Tür sogar geöffnet.

Die Scharniere waren so gut geölt, daß er beim Eintreten kein Geräusch verursachte (erst vor kurzem geölt, dachte er, und aus irgend einem unerklärlichen Grund amüsierte ihn dieser Gedanke), und er trat in die Vorhalle, die so kühl war, daß ihn fast ein Frösteln überlief. Es dauerte einen Moment, bis sich seine Augen auf das Dämmerlicht eingestellt hatten.

Das erste, was er bemerkte, war ein Berg hölzerner Buchstaben, die in der hintersten Ecke lagen, verstaubt und zu einem wirren Haufen zusammengeworfen. Neugierig trat er näher. Sie sahen so alt und vergessen aus wie der Kalender in der Imbißstube, ganz im Gegensatz zum Rest der Vorhalle, der staubfrei und aufgeräumt war. Die Buchstaben waren ungefähr zwei Fuß hoch und gehörten offensichtlich zusammen. Er breitete sie auf dem Teppich aus – es waren 20 – und suchte nach sinnvollen Worten.

REICH GENIE TANKSTAND BP

Nichts.

Das war auch Blödsinn. Bis auf das BA in Bandit. Er bildete schnell das Wort BAPTIST und übrig blieb NAGEND KRIECHEN. Schwachsinn. Er verbrachte seine Zeit mit idiotischen Spielereien, während Vicky draußen im Wagen langsam verrückt wurde. Er wollte schon aufstehen und hinausgehen, als er es plötzlich sah. Er stellte das Wort GNADEN zusammen, damit blieb nur noch KRIECHEN übrig – und durch eine geringfügige Änderung ergab sich KIRCHE. BAPTISTEN GNADEN KIRCHE! Die Buchstaben mußten draußen befestigt gewesen sein. Sie hatten sie abgenommen und sie achtlos in diese Ecke geworfen, und die Kirche war angemalt worden, so daß man noch nicht einmal die Stellen sehen konnte, an denen die Buchstaben einst befestigt waren.

Warum?

Es war nicht mehr die BAPTISTEN GNADEN KIRCHE, darum. Was für eine Art Kirche war es denn? Aus irgend einem Grund beunruhigte ihn diese Frage, und er stand auf, streifte sich den Staub von den Fingern. Sie hatten die Buchstaben abgenommen und dann? Vielleicht hatten sie daraus die Flip Wilsons Kirche der Gegenwärtigen Geschehnisse gemacht.

Aber wie war es dann weiter gegangen?

Er schob die Gedanken ungeduldig beiseite und ging durch die inneren Türen.

Nun stand er im Inneren der Kirche selber, und als er zum Hauptschiff hinaufsah, fühlte er, wie sich sein Herz vor Furcht verkrampfte. Sein heftiger Atem wirkte störend in der heiligen Stille dieses Ortes.

Der Raum hinter der Kanzel wurde von einem gigantischen Porträt von Christus beherrscht, und Burt dachte:

Wenn auch nichts anderes in dieser Stadt Vickys Hysterie rechtfertigen würde, dann doch dieses Bild.

Christus grinste wolfsähnlich. Seine weit aufgerissenen Augen starrten Burt an und erinnerten ihn auf eine unangenehme Art und Weise an Lon Chaney in *Das Phantom der Oper*. In den großen schwarzen Pupillen war eine Gestalt zu erkennen (wahrscheinlich ein Sünder), der in einem See von Feuer ertränkt wurde. Aber das merkwürdigste an der Sache war, daß Christus grüne Haare hatte ... Haare, die sich bei näherer Betrachtung als eine geflochtene Masse grüner Maishalme herausstellte. Trotz künstlerischer Mängel wirkte das Bild beeindruckend. Es sah aus wie ein Comic-strip Wandgemälde, das von einem begnadeten Kind angefertigt worden war – ein Christus des Alten Testamentes, oder ein heidnischer Christus, der seine Schafe eher für ein Opfer schlachten würde, anstatt sie zu führen.

Am linken hinteren Ende der Kirchenstuhlreihen

befand sich eine Orgel, und zuerst war Burt nicht in der Lage zu sagen, was mit ihr nicht stimmte. Er ging das linke Seitenschiff hinunter und sah mit wachsendem Entsetzen, daß die Tasten herausgerissen worden waren, die Register zertrümmert... und die Orgelpfeifen waren mit Maishülsen gefüllt. Über der Orgel hing eine sorgfältig gemalte Inschrift: VERDAMMT SEI DIE MUSIK MIT AUSNAHME DER MENSCHLICHEN ZUNGE, DIE DEN HERRN PREIST.

Vicky hatte recht. Hier stimmte irgend etwas ganz und gar nicht. Er überlegte, ob er wieder zu Vicky zurückkehren sollte, ohne weitere Nachforschungen anzustellen, einfach ins Auto zu steigen und die Stadt so schnell wie möglich hinter sich zu lassen, und sich nicht mehr um das Gerichtsgebäude zu kümmern. Aber das war ihm zuwider. Die Wahrheit zu erzählen, dachte er. Ihren Widerstand zu rechtfertigen und zuzugeben, daß sie von Anfang an das richtige Gefühl gehabt hatte.

Er würde sich noch eine Minute Zeit lassen.

Er ging zur Kanzel hinauf und dachte: Irgend jemand muß doch während dieser langen Zeit hier vorbei gekommen sein. Es muß doch Leute in den Nachbarstädten geben, die hier Freunde und Verwandte haben. Die Nebraska-Post mußte einen regelmäßigen Verkehr unterhalten. Und was war mit den Elektrizitätswerken? Die Ampel war ausgeschaltet gewesen. Sie mußten seit zwölf Jahren wissen, daß hier kein Strom mehr verbraucht wurde.

Schlußfolgerung: Das, was in Gatlin geschehen war, schien unmöglich zu sein.

Er hatte immer noch eine Gänsehaut.

Er stieg die vier Stufen zur Kanzel empor und sah auf die verlassenen Stuhlreihen hinab, die das Licht im Halbdunkeln reflektierten. Er hatte das Gefühl, die unheimlichen und mit Sicherheit unchristlichen Augen in seinem Rücken zu spüren.

Auf dem Pult lag eine große Bibel; das 38. Kapitel von Hiob war aufgeschlagen. Burt las: »Und der Herr antwortete Hiob aus dem Wetter und sprach: Wer ist der, der den Ratschluß verdunkelt mit Worten ohne Verstand?... Wo warest du, da ich die Erde schuf? Sage an, bist du so klug!« Der Herr. Er, der hinter den Reihen wandelt. Sage an, bist du so klug? Und meide bitte den Mais.

Er schlug die Bibelseiten um, und sie verursachten in der Stille ein laut raschelndes Geräusch – ein gespenstisches Geräusch, falls es so etwas wirklich gab. Und an einem Ort wie diesem konnte man das fast glauben. Teile der Bibel waren herausgerissen worden. Hauptsächlich aus dem Neuen Testament. Irgend jemand schien den Entschluß gefaßt zu haben, Gottes Worte mit der Schere zu berichtigen.

Aber das Alte Testament hatte er in Ruhe gelassen.

Burt wollte schon die Kanzel verlassen, als er ein anderes Buch auf einem unteren Bord bemerkte und es in dem Glauben herausnahm, daß es ein

Kirchenbuch mit Hochzeiten, Konfirmationen und Beerdigungen sei.

Er verzog das Gesicht, als er die Inschrift las, die in unregelmäßigen Goldlettern auf dem Umschlag prangte: LASST UNS DIE SÜNDE NIEDERWERFEN, AUF DASS DER BODEN WIEDER FRUCHTBAR WERDE, SAGT DER HERR DER HEERSCHAREN.

Das schien im Sinne des Gedankengutes zu sein, das hier verbreitet war, und Burt spürte, wie seine Neugierde erwachte.

Er öffnete das Buch auf der ersten, leinenen Seite. Augenblicklich erkannte er, daß ein Kind die Beschriftung vorgenommen hatte. An einigen Stellen sah man, daß jemand sorgfältig mit einem Radiermesser Verbesserungen vorgenommen hatte, und obwohl die Worte fehlerlos waren, wirkten die Buchstaben zu groß und kindlich, fast wie gemalt. Auf der ersten Seite war zu lesen:

Amos Deigan (Richard),
  4. Sept. 1945 4. Sept. 1964
Isaac Renfrew (William),
  19. Sept. 1945 19. Sept. 1964
Zepeniah Kirk (George),
  14. Okt. 1945 14. Okt. 1964
Mary Wells (Roberta),
  12. Nov. 1945 12. Nov. 1964
Yemen Hollis (Edward),
  5. Jan. 1946 5. Jan. 1965
Stirnrunzelnd blätterte Burt die Seiten durch.

Plötzlich endeten die Eintragungen abrupt:

Rachel Stigman (Donna), 21. Juni 1957 21. Juni 1976

Moses Richardson (Henry), 29. Juli 1957

Malachias Boardman (Craig), 15. Aug. 1957

Der letzte Name lautete Ruth Clawson (Sandra), 30. April 1961. Burt sah auf dem Bord nach, auf dem er das Buch gefunden hatte, und fand zwei weitere.

Das erste hatte den gleichen LASST UNS DIE SÜNDE NIEDERWERFEN-Titel, und auf einer einspaltigen Liste waren in der gleichen Art die Geburtsdaten und Namen eingetragen.

Anfang September 1964 fand er Job Gilman (Clayton), 6. September, und die nächste Eintragung lautete Eve Tobin, 16. Juni 1965. Der eingeklammerte Zweitname fehlte.

Das dritte Buch war leer.

Während Burt auf der Kanzel stand, dachte er darüber nach.

Irgend etwas war 1964 geschehen. Irgend etwas, da mit Religion und dem Mais . . . und mit Kindern zu tun hatte.

Lieber Gott, wir erbitten deinen Segen für die Ernte. Gelobt sei Jesus Christus, amen.

Und das hoch erhobene Messer, mit dem das Lamm geopfert werden sollte – aber war es überhaupt ein Lamm gewesen? Vielleicht war eine religiöse Zwangsvorstellung an ihrem Verschwinden schuld. Allein, vollkommen allein, von der Außenwelt abgeschnitten und inmitten mehrerer 100 Quadratkilometer raschelnder, geheimnisvoller Maisfelder. Allein unter dem endlosen blauen Himmel. Allein unter dem aufmerksamen Auge Gottes, der jetzt zu einem fremdartigen, grünen Gott geworden war, ein Gott des Mais, alt, fremdartig und hungrig. Er, der hinter den Reihen wandelt.

Burt überlief ein kalter Schauder.

Vicky, laß mich dir eine Geschichte erzählen. Sie handelt von Amos Deigan, der als Richard Deigan am 4. September 1945 geboren wurde. Er nahm den Namen Amos im Jahre 1964 an, ein guter, altestamentarischer Name, Amos, einer der unbedeutenden Propheten. Nun, Vicky, dann geschah es – lach nicht – daß Dick Deigan und seine Freunde – Billy Renfrew, George Kirk, Roberta Wells und Eddie Hollis – einem religiösen Wahn zum Opfer fielen und ihre Eltern töteten. Alle. Ist das nicht zum Schreien? Erschossen sie in ihren Betten, erstachen sie in ihren Badezimmern, vergifteten ihr Abendessen, hingen sie auf, und entleibten sie und was weiß ich noch.

Warum? Der Mais. Vielleicht lag er im Sterben. Vielleicht hatten sie die Vorstellung, daß der Mais starb, weil es zuviel Sünde gab. Nicht genügend Opfer. Sie werden es im Korn getan haben, inmitten der Reihen.

Und irgendwie, Vicky, bin ich mir dessen sehr sicher, irgendwie beschlossen sie dann, daß nie mand älter als neunzehn werden sollte. Richard »Amos« Deigan, der Held unserer kleinen Geschichte, hatte am 4. September 1964 seinen 19. Geburtstag – dieses Datum nannte das Buch. Ich glaube, daß sie ihn getötet haben. Ihn dem Mais geopfert haben. Ist das nicht ein blödsinnige Geschichte?

Und was ist mit Rachel Stigman, die bis 1964 Donna Stigman hieß? Sie wurde am 21. Juni neunzehn, genau vor einem Monat. Moses Richardson wurde am 29. Juli geboren – in drei Tagen wird er neunzehn. Kannst du dir vorstellen, was mit dem guten Moses am 29. passiert?

Ich mir schon.

Burt befeuchtete seine trockenen Lippen.

Da ist noch etwas anderes, Vicky. Sieh dir das an. Da haben wir Job Gilman (Clayton), der am 6. September 1964 geboren wurde. Keine anderen Geburten mehr bis zum 16. Juni 1965. Eine Lücke von zehn Monaten. Weißt du, was ich glaube? Sie haben alle Eltern getötet, selbst die Schwangeren, das ist, was ich glaube. Und eine von *ihnen* wurde im Oktober 1964 schwanger und gebar Eva. Ein sechzehn- oder siebzehnjähriges Mädchen.

Eva. Die erste Frau.

Aufgeregt blätterte er im Buch zurück und fand den Eintrag Eva Tobin. Darunter: »Adam Greenlaw, 11. Juli 1965«.

Bis jetzt müssen es elf sein, dachte er, und es

kroch eiskalt seinen Rücken hoch. Und vielleicht waren sie dort draußen. Irgendwo.

Aber wie konnte das solange geheim gehalten werden? Warum waren sie bis jetzt noch nicht entdeckt worden?

Wie, wenn es nicht von Gott selbst gutgeheißen würde?

»O Jesus«, sagte Burt in die Stille hinein, und dann begann die Hupe des T-Bird zu röhren, ein einziger gequälter Aufschrei.

Burt sprang von der Kanzel hinunter und rannte das Mittelschiff entlang. Er schleuderte die Außentüren der Vorhalle zur Seite, und die drückende Sommerhitze schlug ihm entgegen. Vicky saß kerzengerade hinter dem Lenkrad, mit beiden Händen hielt sie den Hupenring umklammert, ihr Kopf schwang wild hin und her. Die Kinder kamen aus allen Richtungen. Einige von ihnen lachten fröhlich. Sie hatten Messer, Steine, Rohrstücke, Kiesel und Hämmer dabei. Ein Mädchen, das vielleicht acht Jahre alt war und schönes langes blondes Haar besaß, hielt einen Eispickel in der Hand. Ländliche Waffen. Kein Gewehr. Burt fühlte das wilde Verlangen aufzuschreien: *Wer von euch ist Adam, und wer von euch ist Eva? Wer sind die Mütter? Wer sind die Töchter? Väter? Söhne?*

Sage an, bist du so klug?

Sie kamen aus den Seitenstraßen, von der Festwiese, durch ein Tor im Maschenzaun, der den

Schulhof einen Block weiter westlich eingrenzte. Einige von ihnen warfen Burt nichtssagende Blicke zu, standen wie erstarrt auf den Kirchenstufen, stießen sich heimlich an, deuteten auf ihn und lächelten... ihr liebliches Kinderlächeln.

Die Mädchen waren in langer brauner Wolle gekleidet, ihre Köpfe wurden von ausgebleichten Sonnenmützen geschützt. Die Jungen waren wie Quäker-Pfarrer alle in Schwarz und trugen breit-krempige Hüte. Sie strömten aus der Stadtmitte auf das Auto zu, überquerten die Rasenflächen, einige wenige kamen über den Vorhof des Gebäudes, das bis 1964 die BAPTISTEN GNADEN KIRCHE gewesen war. Ein oder zwei von ihnen standen so nahe, daß er sie fast hätte berühren können.

»Das Gewehr!« schrie Burt. »Vicky, hol das Ge-wehr!«

Aber die Angst hatte sie erstarren lassen, er konnte das von den Stufen aus erkennen. Er bezweifelte, ob sie ihn überhaupt durch die geschlossenen Fensterscheiben hören konnte.

Sie versammelten sich um den Thunderbird. Die Äxte und Steine und Rohrstücke begannen zu fal-len. Mein Gott, und ich sehe zu? dachte er wie erstarrt. Eine Chromleiste fiel ab. Das Markenzei-chen sauste davon. Messer bohrten Spiralen in die Seiten der Reifen, und der Wagen sackte ab. Die Hupe röhrte immer noch. Die Windschutzscheibe und die Seitenfenster wurden milchig, und tiefe

Risse begannen sich zu bilden... und dann split-terte das Sicherheitsglas nach innen, und er konnte wieder sehen. Vicky war zurückgekrochen, nur noch eine Hand lag auf dem Hupenring, mit der anderen versuchte sie, ihr Gesicht zu schützen. Gierige junge Hände griffen nach ihr, suchten den Knopf des Sicherheitsgurtes. Sie wehrte sich, so gut es ging. Die Hupe fing an zu stottern und hörte dann vollständig auf.

Die verbeulte und mit Rissen übersäte Fahrertür wurde aufgerissen. Sie versuchten, sie hinauszuzie-hen, aber ihre Hände umklammerten das Lenkrad. Dann beugte sich einer nach innen, ein Messer in der Hand, und –

Die Erstarrung fiel von ihm ab, und er stürmte die Stufen hinunter, fiel fast, und rannte den gepflaster-ten Weg auf sie zu. Einer von ihnen, ein Junge von vielleicht sechzehn Jahren, dessen rotes Haar unter dem Hut hervorquoll, drehte sich zu ihm um, fast wie zufällig und irgend etwas sauste durch die Luft auf ihn zu. Burts linker Arm wurde zurückgeschleu-dert, und einen Moment lang hatte er das verrückte Gefühl, daß er mit einem Schlag kampfunfähig gemacht worden war. Dann überwältigte ihn der Schmerz, so scharf, daß die Welt um ihn herum hinter einem grauen Schleier verschwand.

Er untersuchte seinen Arm mit einer stumpfsinni-gen Art von Entsetzen. Ein 1/2-Dollar-Pensy-Messer ragte wie ein verirrter Fremdkörper hervor. Der

Ärmel seines J. C.-Penney-Sporthemdes wurde rot. Er starrte eine kleine Ewigkeit darauf und versuchte zu verstehen, wie dieses Messer dahin geraten war ... wie war das möglich?

Als er aufsah, stand der Junge mit den roten Haaren fast vor ihm. Er grinste zufrieden.

»He, du Bastard«, sagte Burt. Seine Stimme klang gebrochen, geschockt.

»Vertraue deine Seele Gott an, denn du wirst in wenigen Augenblicken vor seinem Thron stehen«, sagte der Junge mit den roten Haaren und versuchte mit den Fingern, Burts Augen auszustechen.

Burt taumelte zurück, riß das Messer aus dem Arm und stach es in die Kehle des Jungen hinein. Eine Blutfontäne schoß hervor. Burt wurde vollgespritzt. Der rothaarige Junge begann zu gurgeln und drehte sich im Kreis. Er umklammerte das Messer, versuchte es herauszuziehen, aber es gelang ihm nicht. Burt beobachtete ihn mit offenstehendem Mund. Das konnte doch alles nicht wahr sein. Es war ein Traum. Der rothaarige Junge gurgelte und ging. Nun war dieses Geräusch das einzige in dem heißen Frühnachmittag. Die anderen standen wie erstarrt da.

Das war nicht vorgesehen, dachte Burt dumpf. Vicky und ich, wir waren vorgesehen. Und der Junge im Mais, der zu fliehen versucht hatte. Aber nicht einer von ihnen. Er starrte sie wild an, wollte schreien: *Wie gefällt euch das?*

Der rothaarige Junge gab ein letztes gurgelndes Geräusch von sich und sank dann auf die Knie. Einen Moment lang starrte er Burt an, und dann rutschten seine Hände von dem Messerheft ab, und er fiel nach vorn.

Ein leiser Aufseufzer ging durch die Kinder, die sich um den Thunderbird versammelt hatten. Sie starrten Burt an. Burt starrte fasziniert zurück... und dann erst bemerkte er, daß Vicky nicht mehr da war.

»Wo ist sie?« fragte er. »Wohin habt ihr sie gebracht?«

Einer der Jungen hob ein bluttriefendes Jagdmesser und machte eine bezeichnende Bewegung an der Kehle. Er grinste. Das war die einzige Antwort.

Irgendwo weiter hinten sagte die leise Stimme eines älteren Jungen: »Schnappen wir ihn uns.«

Die Jungen begannen, sich auf ihn zu zu bewegen. Burt wich zurück. Sie begannen, schneller zu gehen. Auch Burt steigerte sein Tempo. Das Gewehr, das gottverdammte Gewehr! Außer Reichweite. Ihre schwarzen Schatten malten sich auf dem grünen Kirchenrasen ab... und dann war er auf dem Bürgersteig. Er drehte sich um und rannte.

»*Tötet ihn!*« brüllte jemand, und sie rannten hinter ihm her.

Er lief, aber er entwickelte einen Plan. Er umging die Städtischen Gebäude – hier war keine Hilfe zu erwarten, sie würden ihn wie eine Ratte ausräuchern – und rannte die Hauptstraße hinauf, die sich öffnete und zwei Blocks weiter wieder zur Landstraße wurde. Er und Vicky wären jetzt auf dieser Straße, wenn er nur auf sie gehört hätte.

Seine Sandalen klapperten auf dem Bürgerstieg. Vor sich erkannte er ein paar Geschäfte, einschließlich der Gatlin Eisdiele und – natürlich – das Bijou-Kino. Verdreckte Buchstaben kündigten an: JETZT VORBESTELLEN LETZTE WOCHE ELI A TH TAYLOR A S KLEOP RA. An der nächsten Kreuzung befand sich eine Tankstelle, die die Stadt begrenzte. Und dahinter war der Mais, wucherte auf beiden Straßenseiten. Ein grünes Maismeer.

Burt rannte. Bereits jetzt war er außer Atem, und die Messerwunde in seinem Oberarm begann zu schmerzen. Er ließ eine Blutspur hinter sich. Während er rannte, riß er ein Taschentuch aus seiner Hosentasche und drückte es in das Hemd hinein.

Er rannte. Seine Sandalen dröhnten auf dem rissigen Beton des Bürgersteiges, sein Atem rasselte, und die Hitze machte ihm immer mehr zu schaffen. Sein Arm begann heftig zu pochen. Mit irgend einem verbissenen Teil seines Verstandes fragte er sich, ob er den ganzen Weg bis zur nächsten Stadt laufen könnte, ob er die 20 Meilen durchhalten würde.

Er rannte. Hinter sich hörte er ihre fünfzehn Jahre jüngeren Füße, die leisen schnellen Bewegungen, mit denen sie aufholten. Sie schrien aufgeregt und feuerten sich gegenseitig an. Sie schienen dabei mehr Spaß als bei einem Großbrand zu empfinden, dachte Burt zusammenhanglos. Sie würden noch Jahre darüber sprechen.

Burt rannte.

Er rannte bis zur Tankstelle, mit der die Stadt aufhörte. Jeder Atemzug verursachte ein schmerzhaftes Brennen in seiner Brust. Der Bürgersteig lief unter seinen Füßen aus. Und jetzt blieb ihm nur noch eine Möglichkeit offen, nur eine Chance, sie abzuschütteln, und mit seinem Leben davonzukommen. Hier standen keine Häuser mehr, die Stadt lag hinter ihm. Der Mais brandete in einer sanften grünen Welle, die bis an die Straßenecken reichte. Die grünen, schwertähnlichen Blätter raschelten leise. Es würde dort dunkel sein, dunkel und kühl, schattig in den Reihen des mannshohen Mais.

Er rannte an dem Ortsendeschild vorbei: SIE VERLASSEN JETZT GATLIN, DIE NETTESTE KLEINSTADT IN NEBRASKA – UND IN DER ÜBRIGEN WELT! KOMMEN SIE JEDERZEIT WIEDER!

Das werde ich mit Sicherheit tun, dachte Burt dumpf.

Hinter dem Schild spurtete er wie ein Kurzstreckenläufer los, der das Zielband vor Augen hat, und dann wich er plötzlich nach links aus, überquerte die Straße und schleuderte seine Sandalen weg. Dann war er im Mais, und er hüllte ihn wie die grünen

Wellen des Meeres ein, nahm ihn auf. Verbarg ihn. Eine unerwartete Erleichterung ergriff von ihm Besitz, und im Moment bekam er wieder Luft. Seine brennenden Lungen begannen sich zu beruhigen.

Er rannte die Reihe entlang, in die er eingedrungen war, lief mit geducktem Kopf, so daß seine Schultern die Halme berührten und sie zittern ließen. Dann änderte er seine Richtung, lief 20 Yards parallel zur Straße entlang, behielt dabei sein Tempo bei, lief so geduckt wie möglich, damit sie seinen schwarzen Kopf nicht sehen konnten, der die gelben Maiskolben streifte. Ein paar Sekunden lang hielt er auf die Straße zu, überquerte mehrere Reihen und wandte dann der Straße wieder den Rücken zu, hüpfte wahllos von Reihe zu Reihe und geriet dabei immer tiefer in den Mais.

Schließlich fiel er auf die Knie und drückte seinen Kopf auf den Boden. Er hörte nichts weiter als seinen eigenen, keuchenden Atem, und in seinem Inneren spielte sich unermüdlich ein Gedanke ab: *Gott sei Dank habe ich das Rauchen aufgegeben, Gott sei Dank habe ich das Rauchen aufgegeben, Gott sei Dank—*

Dann hörte er sie, hörte, wie sie sich gegenseitig anfeuerten, wie sie sich manchmal in die Quere kamen (»He, das ist meine Reihe!«), und das Geräusch drohte ihn in Panik zu versetzen. Sie waren ein ganz schönes Stück weiter links, und es klang nicht so, als ob sie Erfahrung mit solchen Suchen hätten.

Er nahm das Taschentuch aus dem Hemd, faltete es und drückte es wieder hinein. nachdem er sich die Wunde angesehen hatte. Trotz der primitiven Behandlung war die Blutung zum Stillstand gekommen.

Er ruhte sich noch einen Moment aus, und plötzlich wurde er sich bewußt, wie gut er sich fühlte, so gut wie schon seit Jahren nicht mehr ... mit Ausnahme des Pochens in seinem Arm. Er fühlte sich irgendwie befreit, und mit plötzlicher Klarheit erkannte er, wie die letzten beiden Jahre seiner Ehe an ihm gezehrt hatten. Es war nicht richtig, daß er so dachte, sagte er sich selbst. Er befand sich in der gefährlichsten Situation seines Lebens, und seine Frau war ihnen in die Hände gefallen. Vielleicht war sie jetzt schon tot.

Er versuchte, sich Vickys Gesicht vorzustellen und versuchte, das seltsame gute Gefühl zu unterdrücken, das er dabei empfand, aber ihr Gesicht blieb verschwommen. Statt dessen sah er den rothaarigen Jungen vor sich, der das Messer in seiner Kehle umklammert hielt.

Er wurde sich des süßlichen Duftes um ihn herum bewußt. Der Wind, der über die Pflanzenspitzen strich, machte ein Geräusch, das dem entfernter Stimmen ähnlich war. Besänftigend. Was auch immer im Namen des Mais geschehen sein mochte, nun schützte es ihn. Aber sie kamen näher.

Geduckt jagte er die Reihe entlang, in der er sich

ausgeruht hatte, wich nach rechts aus, lief zurück und überquerte immer mehr Reihen. Er versuchte dabei, sich rechts von den Stimmen zu halten, aber je weiter der Nachmittag voranschritt, um so schwieriger wurde es. Die Stimmen wurden schwächer, und oft vermischten sie sich mit dem Rascheln des Mais, so daß er die Geräusche nicht mehr zu trennen vermochte. Er rannte, lauschte, rannte wieder. Die Erde war ausgedörrt, und seine bestrumpften Füße hinterließen fast keine Spuren.

Als er endlich anhielt, hing die Sonne über den Feldern zu seiner Rechten, rot und verwaschen, und ein Blick auf die Uhr zeigte ihm, daß es schon viertel nach sieben war. Die Sonne hatte die Maisspitzen in rotes Gold getaucht, aber die Schatten waren bereits tief und dunkel. Er hob den Kopf und lauschte. Bei Beginn des Sonnenunterganges war der Wind vollkommen versiegt, und der Mais stand still, entfaltete sein Aroma in der warmen Luft. Wenn sie immer noch im Mais waren, dann waren sie entweder sehr weit entfernt, oder sie hatten sich versteckt und lauschten ihrerseits.

Aber Burt konnte sich nicht vorstellen, daß eine Kinderbande, selbst eine solch verrückte, sich solange ruhig halten konnte. Er vermutete, daß sie sich genauso wie andere Kinder verhalten würden, ohne die Konsequenzen zu bedenken: sie hatten aufgegeben und waren nach Hause gegangen.

Er begann, sich in Richtung der untergehenden

Sonne zu bewegen, die zwischen den weißen Wolken am Horizont hing. Wenn er sich diagonal zu den Reihen bewegte, und dabei immer die Sonne im Rücken behielt, mußte er früher oder später auf die Bundesstraße 17 stoßen.

Der Schmerz in seinem Arm war zu einem dumpfen Pochen abgeklungen, das er als fast angenehm empfand, und noch immer fühlte er sich von einem erlösten Gefühl durchströmt. Er beschloß, dieses Gefühl, solange er hier war, zu genießen, ohne sich dabei von irgend etwas anderem ablenken zu lassen. Wenn er sich den Behörden stellte und berichtete, was in Gatlin geschah, dann würde ihn früh genug die Schuld einholen. Aber das hatte Zeit.

Er schob sich durch den Mais und dachte, daß er sich noch nie zuvor so klar gefühlt hatte. Fünfzehn Minuten später war die Sonne nur noch eine Halbkugel am Horizont, und er hielt wieder; sein neu erwachtes Bewußtsein verwischte sich in einer Art, die er nicht mochte. Er empfand irgendwie ... nun, er empfand irgendwie Angst.

Er hob den Kopf. Der Mais raschelte. Burt hatte es schon die ganze Zeit über bemerkt, aber er hatte ihm keine Beachtung geschenkt.

Es war windstill. Was konnte es sein?

Er sah sich unsicher um, erwartete halbwegs, erwartete fast, daß die lächelnden Jungen in ihren Priestergewändern aus dem Mais gekrochen kamen, ihre Messer entschlossen in der Hand hielten. Aber nichts dergleichen. Immer noch raschelte es. Zu seiner Linken.

Er ging jetzt in diese Richtung, mußte sich nicht mehr durch den Mais zwängen. Die Reihe führte ihn in die Richtung, die er gehen wollte. Und dann endete die Reihe vor ihm. Endete? Nein, lief irgendwie aus. Das Rascheln kam von dort, von einer Art Maislichtung.

Er hielt, hatte plötzlich Angst.

Der Geruch des Mais war so stark, daß er unangenehm zu werden begann. In den Reihen hatte sich die Tageshitze gespeichert, und es wurde ihm plötzlich bewußt, daß er mit einer Mischung aus Schweiß, Spreu und dünnen Getreidehalmen übersät war. An sich hätte er Insekten anlocken müssen... aber es waren keine da.

Er stand still da, starrte auf die Stelle, in der sich der Mais zu einem großen Kreis öffnete, auf dem überhaupt nichts zu wachsen schien.

Es gab keine Mücken oder Moskitos, weder Stechfliegen noch Milben – diese Art von Insekten, die Vicky in ihrer Verlobungszeit »Eindringlinge« genannt hatte, dachte er mit einem plötzlichen und unerwartet nostalgischen Gefühl. Und er sah keine einzige Krähe. Was war das für ein gespenstischer Ort, ein Maisfeld ohne Krähen?

Im verblassenden Tageslicht betrachtete er die Maisreihen zu seiner Linken und sah, daß jede Reihe, jeder Kolben perfekt ausgerichtet war, was einfach unmöglich war. Kein Schädlingsbefall. Keine abgerissenen Blätter, keine Raupenspur, keine Erdlöcher, keine–.

Seine Augen weiteten sich.

Mein Gott, da war überhaupt kein Unkraut!

Nicht ein einziges. In einem Abstand von einem halben wuchs der Mais senkrecht aus dem Boden. Er sah weder Brennesseln, noch Löwenzahn, Schafgarbe, Kamille, oder Klatschmohn. Nichts.

Burts Augen waren weit aufgerissen. Das Licht der untergehenden Sonne ließ nach. Die hellen Wolken hatten sich weiterbewegt. Unter ihnen verblaßte das goldene Licht in rötlichen und ockerfarbenen Tönen. Es würde bald dunkel sein.

Es war an der Zeit, in die Lichtung einzudringen und sich dem zu stellen, was er dort vorfinden würde – war das von Anfang an so geplant gewesen? All die Zeit, in der er geglaubt hatte, sich auf die Schnellstraße zuzubewegen, war er da zu diesem Platz geführt worden?

Mit verkrampftem Magen bewegte er sich die Reihe hinunter und stand am Ende der Lichtung. Es war noch so hell, daß er erkennen konnte, was sich dort befand. Er konnte nicht schreien. Es schien nicht mehr genug Luft in ihm zu sein. Er torkelte auf weichen Knien vorwärts. Seine Augen quollen ihm fast aus dem verschwitzten Gesicht.

»Vicky«, flüsterte er. »Oh, Vicky, mein Gott–«

Sie war wie ein heidnisches Opfer auf einer Quer-

104

latte aufgeschnallt worden, die Arme wurden an den Handgelenken gehalten, und ihre Beine waren an den Knöcheln mit normalem Stacheldraht festgezurrt worden, den man für 70 Cent in jedem Eisenwarengeschäft in Nebraska kaufen konnte. Man hatte ihr die Augen ausgehöhlt. In die leeren Augenhöhlen war Spreu gestopft worden. Ihr Kiefer war wie zu einem stummen Schrei geöffnet, ihr Mund war mit Maiskolben vollgestopft.

Zu ihrer Linken befand sich ein Skelett in einem vermoderten Chorhemd. Die nackten Unterkieferknochen grinsten. Die Augenhöhlen schienen Burt schalkhaft zuzuzwinkern, als ob der ehemalige Pfarrer der BAPTISTEN GNADEN KIRCHE sagen wollte: *Es ist gar nicht so schlimm, von heidnischen Teufelskindern im Mais geopfert zu werden, die Augen aus dem Schädel herausgerissen zu bekommen, ganz wie es das Gesetz von Moses befiehlt, es ist gar nicht so schlimm—.* Links von dem Skelett in dem Chorhemd befand sich ein weiteres Skelett, das in einer verrotteten blauen Uniform gekleidet war. Eine Mütze hing über dem Schädel und verbarg die Augen, mühsam konnte Burt die Worte auf dem grünlichen Band der Mütze entziffern: POLIZEICHEF.

Und dann hörte Burt, wie es kam: Nicht die Kinder, viel größeres, das sich durch den Mais bewegte und auf die Lichtung zu hielt. Nicht die Kinder, nein. Die Kinder würden sich nicht in der Nacht im Mais aufhalten. Dies hier war ein heiliger

Ort, der Ort von ihm, der hinter den Reihen wandelte.

Mit einem Satz wandte sich Burt zur Flucht. Die Reihe, die ihn zur Lichtung geführt hatte, war verschwunden. Sie hatte sich geschlossen. Alle Reihen hatten sich geschlossen. Es kam näher, und er konnte hören, wie der Mais zur Seite gedrückt wurde. Er hörte seinen eigenen, stoßartigen Atem. Eine fast übernatürliche Panik ergriff ihn. Es kam. Der Mais auf der gegenüberliegenden Seite der Lichtung verdunkelte sich plötzlich, als ob es von einem gigantischen Schatten ausgelöscht worden wäre.

Er kam.

Er, der hinter den Reihen wandelt.

Er war jetzt in der Lichtung. Burt sah etwas Grünes, mit schrecklichen roten Augen in der Größe von Fußbällen.

Etwas, das den Geruch von Maiskolben verströmte, die jahrelang in einer dunklen Scheune gelagert worden waren.

Burt begann zu schreien. Aber er schrie nicht sehr lange.

Etwas später ging ein Mond von der Farbe einer blutroten Orange auf.

Die Kinder des Mais standen am Mittag auf der Lichtung, sahen auf die beiden gekreuzigten Skelette und die beiden Körper ... die beiden Körper, die noch keine Skelette waren, aber es bald sein würden. Im Laufe der Zeit. Und hier, im Herzen von Nebraska, inmitten des Korns, hatten sie genug Zeit.

»Siehe da, ein Traum überkam mich des Nachts, und der Herr zeigte mir das alles.«

Sie alle drehten sich um, sogar Malachias, und sahen Isaak mit einer Mischung von Ehrfurcht und Erstaunen an. Isaak war erst neun, aber seit David vor einem Jahr vom Mais genommen wurde, war er der Seher der Gruppe. David war damals neunzehn geworden, und er war an seinem Geburtstag in den Mais gegangen, gerade als der Dunst von den Reihen aufgestiegen war.

Isaaks schmales Gesicht wirkte unter dem runden Hut ernst und feierlich, als er fortfuhr.

»Und in meinem Traum war der Herr ein Schatten, der hinter den Reihen wandelte, und er sprach zu mir in den Worten, die er vor Jahren unseren älteren Brüdern gesagt hatte. Er hat großes Mißfallen an dem Opfer gefunden.«

Ein Aufstöhnen ging durch die Gruppe und sie sahen das alles umgebene Grün.

»Und der Herr sprach: Habe ich euch nicht einen Platz des Todes gegeben, damit ihr da selbst opfern könnt? Und habe ich euch nicht meine Gunst erwiesen? Aber dieser Mann machte sich der Sünde der Blasphemie schuldig, und ich selbst habe das Opfer vollendet. Wie beim blauen Mann und dem falschen Priester, der vor vielen Jahren entkam.«

»Der blaue Mann . . . der falsche Priester«, flüsterten sie und warfen sich unsichere Blicke zu.

»So, nun wird das Alter der Gunst von neunzehn Feldbestellungen und Ernten auf achtzehn erniedrigt«, fuhr Isaak ohne Unterbrechung fort.

»Doch seid fruchtbar und mehret euch, wie sich der Mais mehret, daß sich meine Gunst euch aufs neue erweisen möge und über euch komme.«

Isaak verstummte.

Sie drehten sich langsam zu Malachias und Josef um, die einzigen unter ihnen, die schon achtzehn waren.

Die anderen waren in der Stadt verblieben, insgesamt ungefähr zwanzig an der Zahl.

Sie warteten auf das, was Malachias sagen würde, Malachias, der die Jagd nach Japet geleitet hatte, der von nun an Ahaz genannt wurde, der von Gott Verfluchte. Malachias hatte Ahaz die Kehle durchgeschnitten und seinen Körper vom Mais auf die Straße geschmissen, so daß er weder besudele noch entweihe.

»Ich gehorche dem Wort Gottes«, flüsterte Malachias.

Der Mais schien mit einem Seufzer sein Einverständnis zu geben.

In den kommenden Wochen würden die Mädchen viel damit zu tun haben, um aus den Maiskol-

ben Kreuze zu flechten, die weiteres Unheil abweh-
ren sollten.

Und in dieser Nacht gingen all diejenigen, die das
Alter der Gunst überschritten hatten, gefaßt und
ruhig in den Mais, gingen zur Lichtung, um die
Gunst desjenigen zu gewinnen, der hinter den Reihen wandelt.

»Aufwiedersehen, Malachias«, rief Ruth. Sie
winkte unglücklich. Sie war von Malachias' Kind
schwanger, und Tränen liefen ihr über die Wangen.
Malachias drehte sich nicht um. Er hielt sich auf-
recht. Der Mais verschluckte ihn.

Ruth drehte sich immer noch weinend um. Ein
Haßgefühl gegenüber dem Mais hatte von ihr Besitz
ergriffen, und manchmal träumte sie davon, mit
Fackeln in den Händen an einem trockenen Sep-
tember-Tag wiederzukommen, wenn die Halme tot
und explosiv entzündbar waren. Aber sie fürchtete
sich auch davor. Hier draußen bewegte sich etwas
in der Nacht und sah alles . . . selbst die geheimsten
Gedanken, die in menschlichen Herzen verschlos-
sen waren.

Der Abenddunst ging in die Nacht über. Der Mais
um Gatlin raschelte und flüsterte geheimnisvoll.
Der Mais war sehr zufrieden.

Der Mauervorsprung

»Los doch«, sagte Cressner zum zweiten Mal. »Machen Sie die Tasche auf.«

Wir saßen in seiner Penthouse-Wohnung im dreiundvierzigsten Stock. Der Raum war mit einem dicken orangefarbenen Veloursteppich ausgelegt. Zwischen dem Stuhl, auf dem Cressner saß, und der Ledercouch, auf der niemand saß, stand eine braune Einkaufstasche.

»Falls Sie mich bestechen wollen, können Sie es vergessen«, sagte ich. »Ich liebe sie.«

»Es ist Geld, aber natürlich will ich Sie nicht bestechen. Machen Sie doch die Tasche auf.« Er rauchte eine türkische Zigarette, die in einer Onyxspitze steckte. Die Klimaanlage wehte den Rauch zu mir herüber, bevor sie ihn ansaugte. Er trug einen Morgenrock aus Seide mit einem eingestickten Drachen. Ruhig und intelligent blickten seine Augen durch die Brillengläser. Er sah genauso aus wie er war: ein widerwärtiger 500-karätiger Scheißkerl. Ich

stieß die Einkaufstasche um. Gebündelte Bankno-
ten glitten auf den Teppich. Alles Zwanziger. Ich
hob eines der Bündel auf und zählte. In jedem
Bündel steckten zehn Scheine. Es waren ziemlich
viele Bündel.

»Zwanzigtausend Dollar«, sagte er und zog an
seiner Zigarette.

Ich stand auf. »Okay.«

»Es ist für Sie.«

»Ich will es nicht.«

»Sie kriegen doch meine Frau obendrein.«

Ich sagte nichts. Marcia hatte mich vor ihm
gewarnt. Er ist wie eine Katze, hatte sie gesagt. Ein
gemeiner alter Kater. Er wird versuchen, dich zur
Maus zu machen.

»Ich höre, Sie sind Tennisprofi«, sagte er. »Der
erste, den ich je gesehen habe.«

»Wollen Sie damit sagen, daß Ihre Schnüffler
keine Aufnahmen gemacht haben?«

»Natürlich haben sie das.«

Er machte mit seiner Zigarettenspitze eine weg-
werfende Bewegung. »Im Bayside Motel haben wir
Sie beide sogar gefilmt. Hinter dem Spiegel steckte
eine Kamera. Aber Bilder genügen eigentlich nicht,
oder?«

»Wenn Sie meinen.«

Er ist aalglatt, hatte Marcia gesagt. Er wird versuchen, dich in die Verteidigung zu drängen. Dann
schlägst du blindlings zu, und er läßt dich ins Leere

laufen. Sag so wenig wie möglich, Stan, und vergiß nicht, daß ich dich liebe.

»Ich habe Sie hergebeten, Mr. Norris, weil ich dachte, daß wir uns einmal von Mann zu Mann unterhalten sollten. Ganz einfach eine höfliche Unterhaltung zwischen gebildeten Menschen, von denen einer mit der Frau des anderen abgehauen ist.«

Ich hätte fast geantwortet, aber ich schwieg.

»Hat es Ihnen in San Quentin gefallen?« fragte Cressner und zog wieder an seiner Zigarette.

»Nicht besonders.«

»Sie waren ungefähr drei Jahre dort. Einbruchsdiebstahl, wenn ich mich nicht irre.«

»Marcia weiß es«, sagte ich und wünschte mir sofort, daß ich das Maul gehalten hätte. Ich hatte mich auf sein Spiel eingelassen. Gerade davor hatte Marcia mich gewarnt. Ich hatte einen weichen Ball geschlagen, und er schmetterte ihn zurück.

»Ich habe mir erlaubt, Ihren Wagen wegzuschaffen«, sagte er und schaute aus dem Fenster. Es war eigentlich kein Fenster. Die ganze Wand bestand aus Glas. In der Mitte war eine Schiebetür. Dahinter lag ein Balkon von der Größe einer Briefmarke. Und dahinter fiel es steil ab, dreiundvierzig Stockwerke. Irgend etwas an der Tür kam mir seltsam vor, aber ich hätte nicht sagen können, was es war.

»Ein sehr angenehmes Gebäude«, sagte Cressner. »Gute Sicherheitseinrichtungen, Kabelfernsehen

und so weiter. Als ich wußte, daß Sie die Eingangs-
halle betreten hatten, führte ich ein Telefonge-
spräch. Einer meiner Angestellten hat dann die
Zündung Ihres Wagens kurzgeschlossen und ihn
vom Parkplatz zu einem öffentlichen Grundstück
einige Blocks weiter gefahren.« Er sah auf die
moderne edelsteinbesetzte Uhr über der Couch. Es
war jetzt acht Uhr fünf. »Um acht Uhr zwanzig wird
derselbe Angestellte von einer öffentlichen Telefonzelle aus die Polizei anrufen. Um acht Uhr dreißig
werden die Beamten im Ersatzreifen in Ihrem Kofferraum versteckt sechs Unzen Heroin gefunden
haben. Man wird Sie eifrig suchen, Mr. Norris.«

Er hatte mich völlig in der Hand. Ich hatte versucht, mich so gut wie möglich abzusichern, aber
am Ende war es für ihn ein Kinderspiel gewesen.

»Und das wird passieren, wenn ich meinen
Angestellten nicht anweise, den Anruf bei der Polizei zu unterlassen.«

»Und ich brauche Ihnen lediglich zu verraten, wo
Marcia ist«, sagte ich. »Daraus wird nichts, Cressner. Ich weiß es nicht. Im übrigen hatten wir es
eigens für Sie so arrangiert.«

»Meine Leute ließen sie beschatten.«

»Das ist ihnen nicht ganz gelungen. Wir haben sie
am Flughafen abgeschüttelt.«

Cressner seufzte. Er nahm die Zigarettenspitze
und ließ den qualmenden Rest im Schlitz eines
Chromaschenbechers verschwinden. Die aufge-

rauchte Zigarette und Stan Norris wurden mit der gleichen Leichtigkeit abserviert.

»Sie haben tatsächlich recht«, sagte er. »Das Verschwinden einer Jungfrau. Meine Leute waren höchst verärgert, auf einen so alten Trick hereingefallen zu sein. Er war schon so alt, daß sie ihn wirklich nicht erwartet hatten.«

Ich sagte nichts. Nachdem Marcia Cressners Leute abgeschüttelt hatte, war sie mit dem Pendlerbus in die Stadt zurück und dann zum Busbahnhof gefahren. Das war der Plan gewesen. Sie hatte zweihundert Dollar, mehr hatte ich nicht auf meinem Sparkonto. Aber mit zweihundert Dollar und einem Greyhound-Bus kann man in diesem Land überall hinfahren.

»Sind Sie immer so wortkarg?« fragte Cressner, und es klang ehrlich interessiert.

»Das hat Marcia mir geraten.«

Ein wenig schärfer sagte er: »Dann werden Sie ja wohl auf Ihren Rechten bestehen, wenn Sie verhaftet werden. Und das nächste Mal sehen Sie meine Frau vielleicht erst wieder, wenn sie als kleine alte Großmutter im Schaukelstuhl sitzt. Haben Sie sich das schon einmal durch den Kopf gehen lassen? Der Besitz von sechs Unzen Heroin könnte Ihnen vierzig Jahre einbringen.«

»Dadurch bekommen Sie Marcia nicht zurück.«

Er lächelte dünn. »Und das ist der springende Punkt, nicht wahr? Darf ich noch einmal zusammenfassen? Sie und meine Frau haben sich ineinander verliebt. Sie haben ein Verhältnis gehabt... wenn Sie ein paar gemeinsame Übernachtungen in einem billigen Motel ein Verhältnis nennen wollen. Meine Frau hat mich verlassen. Aber ich habe Sie. Sie stecken sozusagen in der Klemme. Habe ich die Situation korrekt beschrieben?«

»Ich verstehe, daß sie von Ihnen die Nase voll hat«, sagte ich.

Zu meiner Überraschung warf er den Kopf zurück und fing an zu lachen. »Wissen Sie, ich mag Sie, Mr. Norris. Sie sind zwar ein ordinärer Penner, aber Sie scheinen Herz zu haben. Marcia sagte das schon, aber ich hatte meine Zweifel, denn ihre Menschenkenntnis ist gering entwickelt. Ganz sicher haben Sie einen gewissen... Elan. Und deshalb habe ich diese kleinen Arrangements getroffen. Marcia hat Ihnen zweifellos erzählt, daß ich gern wette.«

»Ja.« Jetzt wußte ich, was mit der Tür in der Glaswand los war. Es war Winter, und niemand würde auf einem Balkon im dreiundvierzigsten Stockwerk Tee trinken wollen. Die Möbel waren vom Balkon geräumt, und an der Tür fehlte der Windschutz. Warum hatte Cressner das wohl getan?

»Ich mag meine Frau nicht besonders«, sagte Cressner und steckte vorsichtig eine weitere Zigarette in seine Spitze. »Das ist kein Geheimnis. Auch

118

das wird sie ihnen erzählt haben. Ich bin sicher, daß ein Mann von Ihrer... Erfahrung weiß, daß eine zufriedene Ehefrau nicht einfach mit dem As vom örtlichen Tennisklub ins Heu springt, sobald der seinen Schläger fallen läßt. Marcia ist eine käsegesichtige pedantische und prüde Person, die ständig jammert, eine Heulsuse, ein Klatschweib, eine –«

»Das dürfte reichen«, sagte ich.

Er lächelte kalt. »Ich bitte um Verzeihung. Ich vergesse dauernd, daß wir uns über Ihre Geliebte unterhalten. Es ist acht Uhr sechzehn. Sind Sie nervös?«

Ich zuckte die Achseln.

»Bis zuletzt ein harter Bursche«, sagte er und zündete seine Zigarette an. »Sie mögen sich fragen, warum ich Marcia nicht freigebe, wenn ich sie so wenig leiden kann.«

»Nein, darüber bin ich überhaupt nicht erstaunt.«

Er sah mich wütend an.

»Sie sind ein selbstsüchtiger egozentrischer Hurensohn, der alles für sich haben will«, sagte ich. »Darum. Niemand nimmt, was Ihnen gehört. Auch dann nicht, wenn Sie es nicht mehr haben wollen.«

Er wurde rot, aber dann lachte er. »Eins zu null für Sie, Mr. Norris. Sehr gut.«

Wieder zuckte ich die Achseln.

»Ich biete Ihnen eine Wette an«, sagte Cressner. »Wenn Sie gewinnen, können Sie das Geld mitnehmen und meine Frau. Außerdem haben Sie Ihre

Freiheit. Wenn Sie allerdings verlieren, sind Sie tot.«

Ich sah auf die Uhr. Ich konnte nicht anders. Es war acht Uhr neunzehn.

»Okay«, sagte ich. »Was sonst?« Ich brauchte Zeit. Zeit, um zu überlegen, wie ich hier rauskommen konnte, mit oder ohne Geld.

Cressner nahm den Hörer auf und wählte eine Nummer.

»Tony? Plan zwei. Ja.« Er legte auf.

»Was ist Plan zwei?« fragte ich.

»Ich werde Tony in fünfzehn Minuten anrufen, und er wird den ... Stoff aus Ihrem Kofferraum entfernen. Wenn ich nicht anrufe, wird er sich mit der Polizei in Verbindung setzen.«

»Sie sind ziemlich mißtrauisch, was?«

»Seien Sie vernünftig, Mr. Norris. Auf dem Teppich zwischen Ihnen und mir liegen zwanzigtausend Dollar. In dieser Stadt wurden Leute schon wegen zwanzig Cents ermordet.«

»Worum zocken wir denn?«

Er lächelte gequält. »Wetten, Mr. Norris, wetten. Gentlemen wetten. Plebejer zocken.«

»Wie Sie meinen.«

»Ausgezeichnet. Sie haben sich eben meinen Balkon betrachtet.«

»Sie haben den Windschutz abgenommen.«

»Ja, heute nachmittag. Ich schlage folgendes vor: Sie gehen auf dem Mauervorsprung unter meiner

Wohnung um das Gebäude herum. Wenn Sie das Gebäude ohne Zwischenfall umrunden, gehört der Jackpot Ihnen.«

»Sie sind verrückt.«

»Im Gegenteil. Während der zwölf Jahre, die ich in dieser Wohnung schon verbracht habe, wurde diese Wette sechs verschiedenen Leuten angeboten. Drei von ihnen waren Berufssportler, wie Sie – einer davon ein berüchtigter Footballspieler, der durch seine Werbespots im Fernsehen berühmter war als durch sein letztes Spiel. Ein anderer war Baseballspieler, der nächste ein bekannter Jockey, der ein außergewöhnliches Jahressalär bezog und außergewöhnliche Alimentenprobleme hatte. Die anderen drei waren mehr oder weniger normale Bürger, die eins gemeinsam hatten: Sie brauchten Geld und waren körperlich fit.« Nachdenklich zog er an seiner Zigarette und fuhr dann fort. »Sie hatten allerdings verschiedene Berufe. Fünfmal wurde die Wette abgelehnt. Einer akzeptierte. Die Bedingungen: entweder bekam er zwanzigtausend Dollar, oder er mußte ein halbes Jahr umsonst für mich arbeiten. Der Junge guckte vom Balkon runter und fiel fast in Ohnmacht.« Cressner lächelte amüsiert und verächtlich zugleich. »Er sagte, auf der Straße sieht alles so klein aus, und das hat ihm den Nerv geraubt.«

»Und wieso glauben Sie –«

Er winkte ungeduldig ab. »Langweilen Sie mich

nicht, Mr. Norris. Sie werden es tun, weil Sie keine Wahl haben. Meine Wette steht gleichzeitig gegen vierzig Jahre in San Quentin. Das Geld und meine Frau sind nur ein zusätzlicher Ansporn, ein Beweis für meine Gutmütigkeit.«

»Und wer garantiert mir, daß Sie mich nicht betrügen? Ich tu's vielleicht und stelle dann fest, daß Tony trotzdem die Polizei angerufen hat.«

Er seufzte. »Sie sind ein wandelnder Fall von Paranoia, Mr. Norris. Ich liebe meine Frau nicht. Mein übersteigertes Ego duldet sie nicht mehr in meiner Nähe. Zwanzigtausend Dollar sind für mich eine Bagatelle. Ich zahle jede Woche das Vierfache allein an Schmiergeldern. Was aber die Wette anbetrifft...« Seine Augen glänzten. »Die ist unbezahlbar.«

Ich dachte über alles nach, und er ließ mich in Ruhe. Er wußte wohl, daß ich mir über gewisse Dinge klarwerden mußte. Ich war ein sechsunddreißigjähriger Tennis-Profi, und mein Klub war bereit, mich gehen zu lassen, nachdem Marcia sanften Druck ausgeübt hatte. Ich kannte nur Tennis, und ohne Tennis hätte ich nicht einmal einen Job als Hausmeister gekriegt. Schon gar nicht mit meiner Vorstrafe. Natürlich Kinderkram, aber Arbeitgeber kennen keine Gnade.

Und das Komische war, daß ich Marcia Cressner wirklich liebte. Nach zwei Tennisstunden morgens um neun Uhr hatte ich mich in sie verliebt, und ihr ging es ähnlich. Stan Norris hatte mal wieder Glück gehabt. Nach sechsunddreißig munteren Junggesellenjahren hatte ich mich wie ein Schüler in die Frau eines der Bosse der Organisation verliebt.

Der alte Kater saß da. Er paffte seine importierte türkische Zigarette, und er wußte das alles natürlich. Und er wußte noch etwas. Wenn ich seine Wette akzeptierte und gewann, hatte ich nicht die geringste Garantie, daß er mich nicht dennoch der Polizei ausliefern würde. Andererseits, wenn ich nicht akzeptierte, würde ich spätestens um zehn Uhr im Knast hocken. Das wußte ich nur zu genau. Und dann würde ich etwa um die Jahrhundertwende wieder frei sein.

»Ich will eins wissen«, sagte ich.

»Und was könnte das sein, Mr. Norris?«

»Sehen Sie mir ins Gesicht und sagen Sie mir, ob Sie ein Betrüger sind oder nicht.«

Er sah mir in die Augen. »Mr. Norris«, sagte er ruhig. »Ich betrüge nie.«

»Okay«, sagte ich. Mir blieb keine Wahl.

Er stand strahlend auf. »Ausgezeichnet! Wirklich ausgezeichnet. Kommen Sie mit mir zur Balkontür, Mr. Norris.«

Wir gingen zusammen hinüber. Sein Gesicht sprach Bände. Hundertmal hatte er sich auf diese Szene gefreut, und jetzt genoß er sie von ganzem Herzen.

»Der Mauervorsprung ist fünfundzwanzig Zentimeter breit«, sagte er verträumt. »Ich habe ihn selbst gemessen. Ich habe sogar darauf gestanden und mich dabei natürlich am Balkon festgehalten. Sie brauchen nur über das schmiedeeiserne Gitter zu steigen und sich hinunterzulassen. Es wird etwa brusthoch sein. Jenseits des Gitters sind allerdings keine Handgriffe. Sie werden sich Zentimeter um Zentimeter weiterschieben müssen. Wie leicht könnten Sie das Gleichgewicht verlieren.«

Mein Blick war an etwas außerhalb des Fensters hängengeblieben... etwas, das meine Körpertemperatur um einige Grade sinken ließ. Es war ein Windmesser. Cressners Wohnung lag nahe am See und so hoch oben, daß es keine höheren Gebäude gab, die den Wind abgehalten hätten. Der Wind würde kalt sein und mir wie mit Messern ins Fleisch schneiden. Die Nadel schwankte um zwei, aber eine plötzliche Bö konnte sie leicht auf fünf oder sechs hochtreiben, und wenn es nur Sekunden dauerte.

»Ah, ich sehe, Sie haben meinen Windmesser bemerkt«, sagte Cressner aufgeräumt. »Der Wind kommt meist von der anderen Seite. Dort werden Sie ihn also stärker spüren. Aber der Abend ist ziemlich ruhig. Ich habe hier schon Windstärke zehn erlebt... dann spürt man direkt, wie das Gebäude schwankt. Fast als säße man auf einem Schiff im Mastkorb. Für diese Jahreszeit ist es außerdem ziemlich mild.«

Er zeigte nach draußen, und ich sah das große Thermometer hoch oben an dem Gebäude einer Bank. Es zeigte sechs Grad, aber der Wind würde den Kältefaktor auf unter Null bringen.

»Haben Sie einen Mantel?« fragte ich. Ich trug nur eine leichte Jacke.

»Leider nein.« Die Zahlen auf dem Thermometer schalteten um und zeigten jetzt die Uhrzeit. Es war acht Uhr zweiunddreißig. »Ich meine, Sie sollten anfangen, Mr. Norris. Ich werde Tony anrufen, damit Plan drei anlaufen kann. Er ist ein brauchbarer Mann, aber leider ein wenig impulsiv, verstehen Sie?«

Ich verstand. Ich verstand nur allzu gut.

Aber der Gedanke, bei Marcia zu sein, frei von Cressners Fängen und mit genügend Geld, irgend etwas anzufangen, ließ mich die Schiebetür öffnen und auf den Balkon hinaustreten. Es war kalt und naß, und der Wind blies mir die Haare ins Gesicht.

»Bon soir«, sagte Cressner hinter mir, aber ich drehte mich nicht um. Ich trat an das Geländer und vermied es, nach unten zu schauen. Vorläufig. Ich atmete tief durch.

Es ist nicht eigentlich eine Übung, eher eine Art Selbsthypnose. Mit jedem Atemzug entledigt man sich einer Ablenkung, bis man sich allein auf seine Aufgabe konzentriert. Mit dem ersten Atemzug verschwand der Gedanke an das Geld, beim zweiten dachte ich nicht mehr an Cressner. Mit Marcia dauerte es ein wenig länger – immer wieder stieg ihr Bild vor mir auf und sagte mir, wie dumm es sei, dieses Spiel mitzuspielen. Vielleicht betrog Cressner nicht. Vielleicht gewann er nur immer seine Wetten. Ich ließ mich nicht beirren. Das konnte ich mir nicht leisten. Wenn ich dieses Spiel verlor, war ich aller Sorgen ledig. Dann würde ich als scharlachroter Matsch vor einem Wohnblock in der Deakman Street gleichmäßig in beide Richtungen spritzen.

Bei dem Gedanken sah ich nach unten.

Wie ein glatter Kreidefelsen fiel das Gebäude tief unten zur Straße hin ab. Die Wagen, die dort parkten, sahen wie die Matchboxmodelle aus, die man in jedem Supermarkt kaufen kann. Die vorbeifahrenden Wagen waren stecknadelkopfgroße Lichtpunkte. Wenn man so tief stürzte, hatte man genug Zeit, genau zu registrieren, was mit einem geschah. Man würde merken, wie der Wind an der Kleidung zerrt, während die Erde einen immer schneller anzieht. Man würde Zeit zu einem langgezogenen Schrei haben, und man würde mit einem Geräusch aufschlagen, als platzte eine überreife Wassermelone.

Ich konnte gut verstehen, warum der andere Kerl einen Rückzieher gemacht hatte. Aber er hatte sich nur über sechs Monate Sorgen zu machen brauchen. Vor mir lagen vierzig endlose graue Jahre ohne Marcia.

Ich sah mir den Mauervorsprung an. Er sah schmal aus. Ich hatte nicht gewußt, wie schmal fünfundzwanzig Zentimeter sein können. Wenigstens war das Gebäude ziemlich neu; es würde unter mir nicht wegbröckeln.

Hoffte ich.

Ich schwang mich über das Gitter und ließ mich vorsichtig auf den Mauervorsprung herab. Meine Fersen standen über. Der Fußboden des Balkons lag etwa in Brusthöhe, und durch die schmiedeeisernen geschwungenen Stäbe sah ich in Cressners Penthouse-Wohnung hinein.

Er stand in der Tür und rauchte und beobachtete mich, wie ein Wissenschaftler ein Meerschweinchen beobachtet, um festzustellen, wie die letzte Injektion wirken wird.

»Rufen Sie an«, sagte ich und hielt mich am Gitter fest.

»Was?«

»Rufen Sie Toni an. Vorher bewege ich mich keinen Zentimeter.«

Er ging ins Wohnzimmer zurück – es wirkte erstaunlich warm und geschützt – und nahm den Hörer auf. Es war eigentlich eine sinnlose Geste. Bei dem Wind hörte ich ohnehin nicht, was er sagte. Er legte den Hörer auf die Gabel und kam wieder an die Tür.

»Erledigt, Mr. Norris.«

»Das will ich auch hoffen.«

»Goodbye, Mr. Norris. Ich sehe Sie später ...
vielleicht.«

Ich mußte es tun. Geredet war genug. Ich dachte
ein letztes Mal an Marcia, an ihr hellbraunes Haar,
ihre großen grauen Augen, ihren herrlichen Körper.
Dann verdrängte ich endgültig jeden Gedanken an
sie. Ich schaute auch nicht mehr nach unten. Der
Anblick der grauenhaften Tiefe hätte mich lähmen
können. Wie leicht könnte man erstarren, die
Balance verlieren oder ganz einfach vor Angst
bewußtlos werden. Hier gab es nur noch den Tun-
nelblick. Es galt sich nur auf eins zu konzentrieren:
linker Fuß, rechter Fuß.

Ich bewegte mich nach rechts und hielt mich
solange wie möglich am Balkongitter fest. Ich
erkannte schnell, daß ich alle Tennismuskeln
brauchte, die ich hatte. Da die Fersen überstanden,
mußten die Sehnen das ganze Gewicht auffangen.
Ich erreichte das Ende des Balkons, und einen
Augenblick lang schien es mir unmöglich, den sicheren Halt aufzugeben. Ich mußte mich zwingen, es zu
tun. Verdammt, fünfundzwanzig Zentimeter waren
genügend Platz. Wäre der Mauervorsprung dreißig
Zentimeter statt hundertzwanzig Meter hoch gewesen, wärst du in knapp fünf Minuten um das
Gebäude herumgekommen, sagte ich mir.

Ja, und wenn man in dreißig Zentimeter Höhe
von der Mauer abkommt, sagt man Scheiße und
versucht es noch einmal. Hier oben hat man nur

eine Chance. Ich schob den rechten Fuß weiter und stellte den linken daneben. Ich ließ das Gitter los. Ich legte die Hände an den rauhen Stein des Gebäudes. Ich streichelte den Stein. Ich hätte ihn küssen mögen.

Ein Windstoß traf mich und peitschte mir den Jackenkragen ins Gesicht. Ich schwankte. Das Herz schlug mir bis in den Hals und blieb in meiner Kehle stecken, als der Wind abflaute. Ein stärkerer Windstoß hätte mich von der Wand gewischt und in die Nacht hinausgeschleudert. Und auf der anderen Seite mußte der Wind noch stärker sein.

Ich drehte den Kopf nach links und drückte die Wange gegen den Stein. Cressner stand auf dem Balkon und beobachtete mich.

»Macht's Spaß?« fragte er leutselig.

Er trug einen braunen Kamelhaarmantel.

»Ich dachte, Sie hätten keinen Mantel«, sagte ich.

»Ich habe gelogen«, sagte er gleichmütig. »Ich lüge oft.«

»Was meinen Sie damit?«

»Nichts . . . gar nichts. Aber vielleicht hat es doch etwas zu bedeuten. Ein wenig psychologische Kriegsführung, Mr. Norris. Sie sollten sich nicht zu lange aufhalten. Die Fußgelenke ermüden, und wenn sie nachgeben . . .« Er nahm einen Apfel aus der Tasche, biß hinein und warf ihn über das Geländer. Man hörte lange Zeit nichts. Dann ein schwaches widerliches Klatschen. Cressner kicherte.

Er hatte mich in meiner Konzentration gestört, und mit stählernen Zähnen fraß Panik an meinem Verstand. Eine Welle des Entsetzens wollte mich davonspülen. Ich schaute in die andere Richtung und atmete tief. Ich verscheuchte das Gefühl der Panik. Ich sah wieder die erleuchteten Ziffern an der Bank. Es war jetzt acht Uhr sechsundvierzig. Zeit, bei der Mutual Bank etwas auf das Konto einzuzahlen.

Als die Ziffern auf acht Uhr neunundvierzig standen, hatte ich mich wieder einigermaßen unter Kontrolle. Cressner mußte glauben, ich sei vor Schreck erstarrt, und ich hörte seinen höhnischen Applaus, als ich mich weiter zur Ecke des Gebäudes vorarbeitete.

Ich fing an, die Kälte zu spüren. Der vom See aufsteigende Dunst ließ mich den Wind schärfer empfinden. Die Feuchtigkeit drang mir wie mit Nadeln in die Haut. Meine dünne Jacke bauschte sich hinter mir, als ich mich weiterschob. Ich bewegte mich langsam. Kalt oder nicht kalt. Ich konnte mich nur langsam bewegen. Hätte ich mich beeilt, wäre ich abgestürzt.

Die Uhr an der Bank zeigte acht Uhr zweiundfünfzig, als ich die Ecke erreichte. Die Ecke selbst schien kein Problem zu sein – der Vorsprung führte im rechten Winkel um sie herum – aber an meiner rechte Hand spürte ich den Seitenwind. Wenn er mich in einer ungünstigen Stellung erwischte, würde ich ganz schnell eine sehr lange Reise machen.

Ich wartete, daß der Wind nachließ, aber er wehte unvermindert. Es war, als sei er Cressners zuverlässiger Verbündeter. Mit bösartigen unsichtbaren Fingern traf er mich, zerrte an mir und kitzelte. Ein besonders heftiger Windstoß ließ mich auf den Zehen schwanken. Da wußte ich, daß ich bis in alle Ewigkeit warten konnte. Der Wind würde nicht nachlassen.

Als er bald darauf ein wenig schwächer wehte, glitt ich mit dem rechten Fuß um die Ecke und packte mit jeder Hand eine Wandseite. Der Seitenwind schob mich gleichzeitig in zwei Richtungen, und ich wäre fast getaumelt. Eine Sekunde lang war es mir grauenhaft klar, daß Cressner seine Wette gewonnen hatte. Dann schob ich mich einen Schritt weiter und drückte mich fest an die Wand. Ich stieß den angehaltenen Atem aus. Meine Kehle war trocken.

In diesem Augenblick kam der Knall. Fast direkt neben meinem Ohr.

Erschrocken fuhr ich zurück und hätte um ein Haar das Gleichgewicht verloren. Meine Hände lösten sich von der Wand, und ich schlug wild durch die Luft. Wenn ich die Wand getroffen hätte, wäre ich weg gewesen. Es waren nur Bruchteile von Sekunden, aber es schien eine Ewigkeit, bis die Schwerkraft beschloß, mich auf dem Mauervorsprung zu lassen, statt mich dreiundvierzig Stockwerke tief auf die Straße zu schleudern.

Mein Atem hörte sich an wie ein Schluchzen, und meine Lungen pfiffen schmerzhaft. Meine Beine waren wie Gummi. Die Sehnen meiner Fußgelenke summten wie Hochspannungsdrähte. Nie hatte ich so intensiv meine Sterblichkeit empfunden. Der Sensenmann war so nahe, daß er mir über die Schulter schauen konnte. Ich verrenkte den Hals und sah nach oben. Einen Meter über mir sah ich Cressner, der sich aus seinem Schlafzimmerfenster lehnte. Er lächelte, und seine rechte Hand hielt einen Sylvesterknaller.

»Ich wollte Sie nur wachhalten«, sagte er.

Ich verschwendete keinen Atem auf eine Antwort. Ich hätte ohnehin nur krächzen können. Mein Herz hämmerte wie wild. Ich schob mich etwas über einen Meter weiter, für den Fall, daß er daran dachte, mir einen kräftigen Stoß zu versetzen. Dann blieb ich stehen und schloß die Augen. Wieder atmete ich tief durch, bis ich mich ein wenig beruhigt hatte.

Ich war an der kurzen Seite des Gebäudes. Zu meiner Rechten lagen nur die höchsten Türme der Stadt noch über mir. Links sah ich das dunkle Rund des Sees, auf dem winzige Lichter schwammen. Der Wind heulte und stöhnte. An der zweiten Ecke war der Seitenwind weniger stark, und ich kam gut herum. Und dann biß mich etwas.

132

Ich keuchte und schmiegte mich an die Wand. Ich hatte Angst vor jeder Gewichtsverlagerung. Wieder wurde ich gebissen. Nein, nicht gebissen, sondern gepickt. Ich sah nach unten.

Auf dem Mauervorsprung hockte eine Taube und blickte mich aus hellen haßerfüllten Augen an.

In der Stadt gewöhnt man sich an Tauben. Sie sind so häufig wie Taxifahrer, die keinen Zehner wechseln können. Sie fliegen nicht gern und gehen nur widerwillig aus dem Weg, als hätten sie ein Anrecht auf die Bürgersteige. O ja, und ihre Visitenkarten findet man gelegentlich auf der Motorhaube seines Wagens. Aber man beachtet sie wenig. Manchmal irritieren sie uns, denn in unserer Welt sind sie Eindringlinge.

Aber ich war jetzt in ihrer Welt und nahezu hilflos. Wieder pickte sie in mein müdes rechtes Fußgelenk, und ein stechender Schmerz schoß in mein Bein.

»Weg«, knurrte ich. »Hau ab.«

Die Taube reagierte, indem sie mich wieder pickte. Offenbar befand ich mich in ihrer Wohnung. Dieser Teil des Vorsprungs war mit altem und neuem Taubenmist bedeckt.

Von oben hörte ich leises Piepsen.

Ich hob den Kopf und schaute nach oben. Ein Schnabel fuhr auf mein Gesicht zu, und fast hätte ich den Kopf nach hinten geworfen. Hätte ich es getan, wäre ich der erste von Tauben verursachte

Todesfall der Stadt gewesen. Es war Mama Taube, die ihre Babys hütete. Sie saßen unter dem leicht vorspringenden Dach. Zu weit oben, als daß sie mich in den Kopf picken könnten.

Ihr Mann pickte mich wieder, und jetzt floß Blut. Ich spürte es. Ich setzte meinen Weg fort und hoffte, die Taube von dem Vorsprung zu verscheuchen. Fehlanzeige. Tauben sind nicht sehr schreckhaft, jedenfalls Stadttauben nicht. Wenn sie vor einem fahrenden Wagen nur ein paar Schritte zur Seite gehen, kann ein Mann dreiundvierzig Stockwerke hoch auf einem schmalen Sims sie schon gar nicht beunruhigen. Als ich mich weiterschob, wich sie nur ein wenig zurück, und ihre hellen Augen sahen mich dabei unverwandt an. Nur dann nicht, wenn ihr scharfer Schnabel wieder in mein Fußgelenk fuhr. Und der Schmerz wurde immer intensiver. Der Schnabel hackte in rohes Fleisch. Vielleicht fraß der Vogel es sogar.

Ich stieß mit dem rechten Fuß nach ihr. Es war ein schwacher Tritt. Ich konnte mir keinen kräftigeren erlauben. Die Taube flatterte nur kurz hoch und griff wieder an. Und ich wäre fast aus der Wand gesegelt. Immer wieder hackte die Taube auf mich ein. Ein kalter Windstoß traf mich, und ich hatte alle Mühe, nicht aus dem Gleichgewicht zu kommen. Meine Fingerkuppen strichen über den Stein. Schwer atmend und die Wange gegen die Wand gepreßt, fand ich wieder Halt.

134

Cressner hätte sich keine schlimmere Tortur ausdenken können, und wenn er es zehn Jahre lang geplant hätte. Ein Schnabelhieb war nicht so schlimm. Zwei oder drei waren zu ertragen. Aber dieser verdammte Vogel mußte mindestens sechzigmal auf mich eingehackt haben, bevor ich das Gitter des Balkons erreichte, der Cressners Wohnung gegenüber lag.

Dieses Gitter zu erreichen, bedeutete, die Himmelspforte zu erreichen. Meine Hände klammerten sich um die kalten Stäbe, als wollten sie sie nie mehr loslassen.

Wieder ein Picken.

Die Taube starrte mich fast selbstgefällig mit ihren hellen Augen an, von meiner Ohnmacht und ihrer eigenen Unverletzlichkeit überzeugt. Es erinnerte mich an Cressners Gesichtsausdruck, als er mich auf der anderen Seite auf den Balkon hinausführte.

Ich packte die Stäbe fester. Dann traf ich die Taube mit einem harten Tritt. Sie stieß zu meiner Befriedigung einen lauten Schrei aus. Ein paar taubengraue Federn sanken auf den Vorsprung oder verschwanden langsam in der Dunkelheit.

Ächzend kroch ich auf den Balkon und brach zusammen. Trotz der Kälte floß mir der Schweiß in Strömen. Ich weiß nicht, wie lange ich dort lag. Die Uhr der Bank lag hinter dem Gebäude, und ich trage keine Uhr.

Ich setzte mich auf, bevor mir die Muskeln steif wurden, und schob vorsichtig die Socke runter. Der rechte Knöchel war zerhackt und blutete, aber die Verletzung schien nur oberflächlich. Wenn ich dies überleben sollte, würde ich sie aber dennoch behandeln lassen müssen. Zuerst dachte ich daran, die Wunde zu verbinden, aber ich ließ es. Ich könnte über einen gelockerten Verband stolpern. Zum Verbinden war später Zeit. Ich würde für zwanzigtausend Dollar Verbandszeug kaufen können.

Ich stand auf und sah sehnsüchtig in die dunkle Penthouse-Wohnung, die Cressners gegenüberlag. Kahl, leer und unbewohnt. Der schwere Windschutz war vor der Tür angebracht. Ich hätte mir gewaltsam Zugang verschaffen können, aber damit hätte ich die Wette verloren. Und ich hatte mehr zu verlieren als Geld.

Als ich es nicht länger aufschieben konnte, glitt ich über das Geländer auf den Mauervorsprung zurück. Die Taube, um ein paar Federn erleichtert, stand unter dem Nest, wo der Dreck am dichtesten lag, und sah mich böse an. Aber wenn sie sah, daß ich mich vom Nest fortbewegte, würde sie mich wohl nicht mehr belästigen.

Ich entfernte mich ungern vom Balkon – es fiel mir viel schwerer, als von Cressners Balkon zu steigen. Mein Verstand wußte, daß ich es tun mußte, aber mein Körper, besonders meine Fußgelenke, schrien mir zu, daß es närrisch sei, den sicheren Hafen zu verlassen. Aber ich schob mich weiter. In der Dunkelheit sah ich Marcias Gesicht, und das trieb mich an.

Ich erreichte die zweite kurze Seite und schaffte auch die nächste Ecke. Langsam tastete ich mich auf dem Vorsprung vorwärts. Dem Ziel so nahe, verspürte ich einen fast unbezähmbaren Drang, mich zu beeilen, es hinter mich zu bringen. Aber wenn ich mich beeilte, wäre das mein sicherer Tod. Ich zwang mich mit aller Gewalt zur Ruhe.

An der vierten Ecke erwischte mich wieder der Seitenwind, und es war eher Glück als Geschicklichkeit, daß ich es schaffte. Ich lehnte mich gegen die Wand und schöpfte Atem. Zum ersten Mal war mir jetzt klar, daß ich die Wette gewinnen würde. Meine Hände fühlten sich wie halbgefrorene Steaks an, und meine Fußgelenke brannten wie Feuer, besonders das rechte, von der Taube malträtierte. Schweiß lief mir in die Augen, aber ich wußte, daß ich es schaffen würde. Auf halber Länge der Gebäudefront drang warmes gelbes Licht auf den Balkon hinaus. Weit hinten sah ich die Leuchtreklame der Bank. Sie war wie ein Willkommensgruß. Es war zehn Uhr achtundvierzig, aber mir war, als hätte ich mein ganzes Leben auf diesem fünfundzwanzig Zentimeter breiten Mauervorsprung zugebracht.

Gnade Gott, wenn Cressner versuchen sollte, mich zu betrügen. Der Drang zur Eile war verschwunden. Ich schlich fast. Es war elf Uhr neun, als ich zuerst die rechte, dann die linke Hand auf das schmiedeeiserne Balkongitter legte. Ich zog mich hoch, rollte mich über das Geländer und blieb erschöpft liegen ... dann spürte ich den kalten Lauf eines Revolvers Kaliber 45 an der Schläfe.

Ich schaute hoch und sah einen Kerl, der so häßlich war, daß bei seinem Anblick der Big Ben stehengeblieben wäre. Er grinste.

»Ausgezeichnet!« hörte ich Cressners Stimme aus dem Zimmer. »Ich gratuliere Ihnen, Mr. Norris.« Er applaudierte. »Bringen Sie ihn rein, Tony.«

Tony riß mich so heftig auf die Füße, daß mein verletzter Knöchel umknickte. Ich taumelte gegen die Balkontür.

Cressner stand im Wohnzimmer vor dem Kamin und trank Brandy aus einem Schwenker so groß wie ein Goldfischglas. Das Geld lag wieder in der Einkaufstasche. Sie stand immer noch mitten auf dem orangefarbenen Veloursteppich.

Ich sah mich im Spiegel an der gegenüberliegenden Wand. Die Haare wirr und das Gesicht bleich. Nur zwei helle rote Flecken auf den Wangen. Meine Augen waren die eines Irren.

Ich sah mich nur kurz, denn im nächsten Augenblick flog ich durch das Zimmer. Ich knallte gegen einen Stuhl, und mir blieb die Luft weg.

Als ich wieder halbwegs atmen konnte, sagte ich: »Sie schäbiger Betrüger, das war von vornherein Ihre Absicht.«

138

»In der Tat«, sagte Cressner und stellte vorsichtig sein Glas auf das Kaminsims. »Aber ich bin kein Betrüger, Mr. Norris. Ganz gewiß nicht. Ich bin nur ein äußerst schlechter Verlierer. Tony wird darauf achten, daß Sie nichts . . . Unkluges tun.« Er hob die Hand unter das Kinn und lachte leise.

»Sie haben mich hochgehen lassen«, sagte ich langsam. »Irgendwie ist es Ihnen gelungen.«

»Durchaus nicht. Das Heroin wurde aus Ihrem Wagen entfernt. Der Wagen selbst steht wieder auf dem Parkplatz. Das Geld steht dort drüben. Nehmen Sie es und verschwinden Sie.«

»Sehr schön«, sagte ich.

Tony stand an der Glastür zum Balkon und sah immer noch aus wie von Allerheiligen übriggeblieben. Er hielt den Revolver in der Hand. Ich ging zu der Einkaufstasche und nahm sie auf. Mit zitternden Fußgelenken näherte ich mich der Tür und erwartete, hinterrücks erschossen zu werden. Aber als ich die Tür öffnete, hatte ich das gleiche Gefühl wie auf dem Vorsprung, als ich die vierte Ecke geschafft hatte: ich schaffe es.

Cressners träge und ein wenig amüsierte Stimme ließ mich stehenbleiben.

»Sie glauben doch nicht ernsthaft, daß jemand auf den Trick mit der verschwundenen Jungfrau reingefallen ist?«

Ich drehte mich langsam um, die Einkaufstasche im Arm. »Wie meinen Sie das?«

»Ich habe Ihnen gesagt, daß ich nie betrüge, und das tue ich auch nicht. Sie haben drei Dinge gewonnen, Mr. Norris. Das Geld, Ihre Freiheit und meine Frau. Die letztere können Sie im städtischen Leichenschauhaus abholen.«

Ich starrte ihn nur an, unfähig mich zu bewegen. Wie angewurzelt stand ich da, vom lautlosen Donner des Schocks getroffen.

»Sie haben doch nicht wirklich geglaubt, daß ich sie Ihnen überlasse?« fragte er mich mitleidig. »O nein. Das Geld, ja. Ihre Freiheit, ja. Aber nicht Marcia. Dennoch habe ich nicht betrogen. Und wenn Sie sie begraben haben –«

Ich ging nicht in seine Nähe. Noch nicht gleich. Ihn hob ich mir für später auf. Ich ging auf Tony zu, der ein wenig überrascht aussah, bis Cressner gelangweilt sagte: »Erschießen Sie ihn bitte.«

Ich warf die Tasche mit dem Geld. Ich traf die Hand mit der Waffe, und ich traf sie hart. Ich hatte meine Arme und Handgelenke dort draußen nicht anstrengen müssen, und sie sind bei einem Tennisspieler das beste. Die Kugel fuhr in den orangefarbenen Veloursteppich, und dann hatte ich den Kerl.

Sein Gesicht war das Schlimmste an ihm. Ich riß ihm die Waffe aus der Hand und zog ihm den Lauf mit aller Kraft über das Nasenbein. Mit einem müden Grunzen sank er zu Boden. Er sah gar nicht gut aus.

Cressner war schon fast aus der Tür. Ich feuerte

einen Schuß über seine Schulter und sagte: »Stehenbleiben, oder Sie sind ein toter Mann.«

Er überlegte es sich sehr schnell und blieb stehen. Als er sich umdrehte, war seine blasierte Visage leicht geronnen. Sie gerann noch ein bißchen mehr, als er Tony auf dem Fußboden liegen und an seinem eigenen Blut ersticken sah.

»Sie ist nicht tot«, sagte er schnell. »Ich mußte doch etwas für mich retten, nicht wahr?« Er grinste widerlich.

»Ich bin zwar ein Trottel, aber ganz so vertrottelt nun auch wieder nicht«, sagte ich. Meine Stimme klang wie tot. Marcia war mein Leben gewesen, und dieser Mann hatte veranlaßt, daß sie jetzt im Leichenschauhaus in einem Fach lag.

Cressners Finger zitterte leicht, als er auf die Tasche zeigte. »Das da«, sagte er, »ist Kleingeld. Ich kann Ihnen hunderttausend besorgen. Oder fünfhunderttausend. Oder was halten Sie von einer Million? Alles auf einem Schweizer Konto. Wie wäre es damit? Oder wie wäre es mit –«

»Ich biete Ihnen eine Wette an«, sagte ich langsam.

Er löste den Blick vom Lauf meiner Waffe und sah mir ins Gesicht. »Eine –«

»Eine Wette«, wiederholte ich. »Eine ganz gewöhnliche Wette. Ich wette, daß Sie es nicht schaffen, auf dem Mauervorsprung da draußen um das Gebäude herumzulaufen.«

Sein Gesicht wurde totenblaß. Er schien einer Ohnmacht nahe. »Sie...« flüsterte er.

»Dies ist der Einsatz«, sagte ich mit meiner toten Stimme. »Wenn Sie es schaffen, lasse ich Sie laufen. Wie finden Sie das?«

»Nein«, flüsterte er und starrte mich aus riesigen Augen an.

»Okay«, sagte ich und richtete die Waffe auf ihn. Ich krümmte langsam den Finger.

»Nein!« sagte er und streckte die Hände aus-.»Nein! Nicht! Ich... tue es.« Er leckte sich die Lippen.

Ich zeigte mit dem Lauf, und er ging voran auf den Balkon. »Sie zittern ja«, sagte ich. »Das wird die Sache erschweren.«

»Zwei Millionen«, sagte er und konnte nur noch heiser winseln. »Zwei Millionen in nicht registrierten Scheinen.«

»Nein«, sagte ich. »Nicht für zehn Millionen. Aber wenn Sie es schaffen, sind Sie frei. Ich meine es ernst.«

Eine Minute später stand er auf dem Mauervorsprung. Er war kleiner als ich. Weit aufgerissen und flehend schauten seine Augen über den Rand. Mit weiß hervortretenden Knöcheln umklammerte er die Stäbe, als seien es Gefängnisgitter.

»Bitte«, flüsterte er. »Ich gebe Ihnen, was Sie wollen.«

»Sie verschwenden Ihre Zeit«, sagte ich. »Und

Ihre Fußgelenke werden müde.« Aber er bewegte sich erst, als ich ihm den Lauf meiner Waffe an die Stirn setzte. Dann schob er sich langsam nach rechts. Er stöhnte. Ich schaute auf die Uhr an der Bank. Es war elf Uhr neunundzwanzig.

Ich glaubte nicht, daß er es bis zur ersten Ecke schaffen würde. Er bewegte sich ruckartig und riskierte ständig, die Balance zu verlieren. Sein Morgenmantel bauschte sich hinter ihm in die Nacht hinaus.

Um zwölf Uhr eins verschwand er hinter der Ecke und war nicht mehr zu sehen. Das ist jetzt schon vierzig Minuten her. Ich achtete auf einen ersterbenden Schrei, als der Seitenwind ihn packte, aber ich hörte keinen. Vielleicht hatte der Wind nachgelassen. Als ich draußen war, hatte er den Wind jedenfalls auf seiner Seite. Oder vielleicht hat er ganz einfach Glück gehabt. Vielleicht liegt er jetzt als zitterndes Bündel auf dem anderen Balkon und wagt nicht weiterzugehen.

Aber er weiß wahrscheinlich: Wenn ich gewaltsam in die andere Penthouse-Wohnung eindringe und ihn da finde, erschieße ich ihn wie einen Hund. Und da wir schon von der anderen Seite des Gebäudes sprechen – ich bin gespannt, wie ihm die Taube gefällt.

War das ein Schrei? Ich weiß es nicht. Es kann der Wind gewesen sein. Es ist unwichtig. Die Uhr auf der Bank zeigt zwölf Uhr vierundvierzig. Ich werde bald in die andere Wohnung eindringen und auf dem Balkon nachsehen, aber im Augenblick sitze ich mit Tonys Fünfundvierziger in der Hand noch auf Cressners Balkon. Nur für den Fall, daß er mit flatterndem Morgenmantel doch noch hinter der Ecke auftaucht.

Cressner sagt, daß er noch nie beim Wetten betrogen hat.

Ich will das von mir nicht behaupten.

Quitters, Inc.

Morrison wartete auf jemand, der in einer Maschine über dem Kennedy Flugplatz kreiste, als er am Ende der Bar ein bekanntes Gesicht entdeckte. Er ging hin.

»Jimmy? Jimmy Mc Cann?«

Er war es. Ein bißchen dicker als letztes Jahr, als Morrison ihn auf der Ausstellung in Atlanta getroffen hatte, aber sonst sah er unverschämt gesund aus. Auf dem College war er ein magerer, blasser Kettenraucher gewesen, dessen Gesicht hinter einer großen Hornbrille verschwand. Er schien sich auf Kontaktlinsen umgestellt zu haben.

»Dick Morrison?«

»Ja. Mensch, siehst du gut aus.« Sie schüttelten sich die Hand.

»Du auch«, entgegnete McCann, doch Morrison wußte, daß er log. In der letzten Zeit hatte er zu viel gearbeitet, zu viel gegessen und zu viel geraucht. »Was trinkst du?«

»Einen Bourbon und einen Magenbitter«, antwortete Morrison. Er schwang sich auf einen Barhocker und zündete sich eine Zigarette an. »Holst du jemanden ab, Jimmy?«

»Nein. Ich fliege zu einer Konferenz nach Miami. Ein wichtiger Kunde. Bringt uns sechs Millionen ein. Ich soll ihm die Hand halten, weil uns die Konkurrenz bei einem großen Projekt, das nächstes Frühjahr anlaufen sollte, zuvorgekommen ist.«

»Bist du immer noch bei Crager und Barton?«

»Ich bin jetzt Vizepräsident.«

»Toll! Herzlichen Glückwunsch! Seit wann?« Er versuchte sich einzureden, daß der brennende Schmerz in seinem Magen nicht vom Neid herrührte, sondern lediglich ein Überschuß an Magensäure sei. Er zog ein Röhrchen Kautabletten aus der Tasche und steckte sich eine in den Mund.

»Seit letzten August. Etwas war geschehen, das mein Leben veränderte.« Er sah Morrison nachdenklich an und nippte an seinem Drink. »Vielleicht interessiert es dich.«

Mein Gott, dachte Morrison und prallte innerlich zurück. Jimmy McCann ist fromm geworden.

»Na klar«, antwortete er und nahm einen großen Schluck von seinem Bourbon.

»Es ging mir nicht besonders«, erzählte McCann. »Ich hatte private Probleme mit Sharon, mein Vater war gestorben – Herzinfarkt –, und mich quälte ein hartnäckiger Husten. Eines Tages kam Bobby Cra-

148

ger in mein Büro und gab mir väterliche Ermahnungen. Kannst du dich noch an seine Predigten erinnern?«

»Und ob.« Bevor er in die Agentur Morton eintrat, hatte er anderthalb Jahre lang bei Crager und Barton gearbeitet. »Entweder du gibst Gas, oder du fliegst.«

McCann lachte. »Du weißt Bescheid. Tja, und um das Maß vollzumachen, sagte mir der Arzt, ich hätte ein Magengeschwür im Frühstadium. Er riet mir, das Rauchen aufzugeben.« McCann verzog das Gesicht. »Ebensogut hätte er mir das Atmen verbieten können.«

Morrison nickte verstehend. Nichtraucher hatten gut reden. Mit Abscheu betrachtete er seine Zigarette und drückte sie aus, obwohl er genau wußte, daß er fünf Minuten später die nächste anzünden würde.

»Und hast du das Rauchen aufgegeben?« fragte er.

»Ja. Anfangs glaubte ich, ich schaffte es nie – ich betrog mich am laufenden Band. Dann unterhielt ich mich mit jemand, der mir von einer Gesellschaft in der 46. Straße erzählte. Spezialisten. Ich dachte mir, was hast du schon zu verlieren, und ging hin. Seitdem habe ich nicht mehr geraucht.«

Morrison riß die Augen auf. »Und was taten die mit dir? Pumpten sie dich mit Tabletten voll?«

»Nein.« Er hatte seine Brieftasche gezückt und

stöberte darin herum. »Da ist sie ja. Ich wußte doch, daß ich noch eine hatte.« Er legte eine einfache weiße Geschäftskarte auf den Tresen.

NONFUMO GES.

Gewöhnen Sie sich das Rauchen ab!

237 East 46. Straße

Sprechstunde nach Vereinbarung

»Du kannst sie behalten«, sagte McCann. »Die werden dir das Rauchen abgewöhnen. Garantiert.«

»Wie denn?«

»Das kann ich dir nicht sagen.«

»Wieso nicht?«

»In dem Vertrag, den man unterschreiben muß, verpflichtet man sich zu schweigen. Aber in einem Gespräch wirst du über die Behandlungsmethode natürlich aufgeklärt.«

»Du hast einen *Vertrag* unterschrieben?«

McCann nickte.

»Und auf diese Weise . . .«

»Jawohl.« Er lächelte Morrison an, der dachte, jetzt gehört er auch zu denen, die gut reden haben.

»Warum diese Heimlichtuerei, wenn die Gesellschaft so gute Leistungen vollbringt? Wie kommt es, daß ich noch nie irgendwelche Werbung gesehen habe, weder im Fernsehen, noch auf Reklameflächen, noch in Zeitschriften . . .«

»Sie bekommen alle ihre Kunden durch Mundpropaganda.«

»Du bist doch selbst in der Werbebranche tätig, Jimmy. Das kannst du doch nicht glauben.«

»Ich glaub's aber. Ihre Erfolgsquote liegt bei achtundneunzig Prozent.«

»Moment mal«, sagte Morrison. Er bestellte sich noch einen Drink und zündete sich eine Zigarette an. »Binden diese Leute dich fest und du mußt so lange rauchen, bis es dir hochkommt?«

»Nein.«

»Geben sie dir irgendein Zeug zu schlucken, so daß dir jedesmal übel wird, wenn du dir eine –«

»Nein, nichts dergleichen. Geh mal hin und überzeug dich selbst.«

Er deutete auf Morrisons Zigarette.

»Du willst doch auch damit aufhören, oder?«

»Jaaa, aber –«

»Als ich das Rauchen aufgab, hat sich in meinem Leben wirklich vieles geändert. Es geht bestimmt nicht jedem so, aber bei mir bewirkte es eine regelrechte Kettenreaktion. Gesundheitlich ging es mir besser, und ich verstand mich wieder mit Sharon. Ich bekam neue Energie, und meine beruflichen Leistungen stiegen.«

»Du hast mich neugierig gemacht. Könntest du mir nicht wenigstens –«

»Tut mir leid, Dick. Aber ich kann wirklich nicht darüber sprechen.« Es klang endgültig.

»Hast du danach zugenommen?«

Einen Augenblick lang schien es ihm, als verhärteten sich Jimmy McCanns Züge. »Ja. Ich wurde sogar zu dick. Aber ich nahm wieder ab. Jetzt habe ich ungefähr mein Idealgewicht. Früher war ich ja mager.«

»Die Passagiere für Flug 206, bitte zum Ausgang 9«, ertönte es aus dem Lautsprecher.

»Das ist meine Maschine«, sagte McCann und stand auf. Er warf eine Fünf-Dollar-Note auf den Bartresen. »Trink noch einen, wenn du magst. Und denk mal darüber nach, was ich dir gesagt habe, Dick. Das solltest du wirklich tun.« Er entfernte sich und steuerte auf die Rolltreppen zu. Morrison nahm die Karte in die Hand, betrachtete sie versonnen, steckte sie in seine Brieftasche und vergaß sie.

Einen Monat später fiel die Karte aus der Brieftasche und landete auf einem anderen Bartresen. Morrison hatte das Büro früh verlassen und wollte den Nachmittag mit einigen Drinks herumbringen. In der Agentur Morton war nicht alles bestens gelaufen. Offengestanden sah die Situation ziemlich mies aus.

Er gab Henry einen Zehner, dann griff er nach der Karte und las sie noch einmal – 237 East 46. Straße lag nur zwei Blocks weiter. Draußen herrschte kühles, sonniges Oktoberwetter, und vielleicht sollte er, nur zum Spaß –

Als Henry ihm das Wechselgeld brachte, leerte er sein Glas und trat einen Spaziergang an.

Die Nonfumo Gesellschaft befand sich in einem neuen Gebäude, wo die monatliche Miete für Büroraum vermutlich so hoch war wie Morrisons Jahreseinkommen. Dem Plan, der im Foyer aushing, entnahm er, daß die Gesellschaft eine ganze Etage gemietet hatte, und das roch nach Geld. Nach sehr viel Geld sogar.

Mit dem Aufzug fuhr er nach oben und betrat einen mit dickem Teppichboden ausgelegten Vorraum. Er folgte der Beschilderung und gelangte in das Empfangszimmer, dessen riesiges Fenster zur Straße wies. Unten krochen die Autos wie Käfer hin und her. Drei Männer und eine Frau saßen auf Stühlen längs der Wand und lasen in Zeitschriften. Dem Aussehen nach stufte Morrison sie als Geschäftsleute ein. Er ging zur Anmeldung.

»Ein Freund gab mir das hier«, sagte er und reichte der Sekretärin die Karte. »Ein ehemaliger Patient von Ihnen, könnte man vielleicht sagen.«

Die Frau lächelte und spannte ein Formular in ihre Schreibmaschine. »Wie ist Ihr Name, Sir?«

»Richard Morrison.«

Klack-klackklack-klack.

Das Klappern klang gedämpft; es war eine IBM Schreibmaschine.

»Ihre Adresse?«

»Neunundzwanzig Maple Lane, Clinton, New York.«

»Verheiratet?«

»Ja.«

»Kinder?«

»Eins.« Er dachte an Alvin und runzelte leicht die Stirn. »Ein Kind« war nicht der richtige Ausdruck. »Ein halbes« hätte besser gepaßt. Sein Sohn war geistig zurückgeblieben und in einer Sonderschule in New Jersey untergebracht.

»Auf wessen Empfehlung kommen Sie zu uns, Mr. Morrison?«

»Ein alter Schulfreund erzählte mir von Ihnen. James McCann.«

»Wunderbar. Möchten Sie bitte Platz nehmen? Es dauert noch einen Moment.«

»In Ordnung.«

Er setzte sich auf den freien Stuhl zwischen der Frau, die ein streng geschnittenes blaues Kostüm trug, und einem jungen Mann, Managertyp, in Fischgrätsakko und mit modischem Haarschnitt. Morrison holte eine Packung Zigaretten aus der Tasche, sah sich nach einem Aschenbecher um und stellte fest, daß es im ganzen Zimmer keinen gab.

Er steckte die Zigaretten wieder fort. Es störte ihn nicht. Er wollte sich das Spiel einmal ansehen und sich eine Zigarette anzünden, wenn er ging. Und wenn sie ihn lange warten ließen, streute er ihnen vielleicht noch mutwillig etwas Asche auf ihren braunen Teppichboden. Er nahm eine Ausgabe des *Time* Magazins in die Hand und begann, darin zu blättern.

Eine Viertelstunde später, nach der Frau in dem blauen Kostüm, kam er an die Reihe. Sein Nikotinzentrum meldete sich mittlerweile recht deutlich. Ein Mann, der nach ihm gekommen war, hatte ein Zigarettenetui gezückt, es aufgeklappt und wieder eingesteckt, als er keinen Aschenbecher sah. Morrison fand, daß der Neue dabei ein bißchen schuldbewußt ausgesehen hatte. Dadurch ging es ihm selbst gleich besser.

Endlich wandte sich die Empfangsdame mit strahlendem Lächeln an ihn und sagte: »Sie können jetzt hineingehen, Mr. Morrison.«

Morrison schritt durch die Tür, die sich hinter ihrem Schreibtisch befand, und trat in einen indirekt beleuchteten Gang. Ein stabil gebauter Mann mit weißem, unecht aussehendem Haar schüttelte ihm die Hand, lächelte liebenswürdig und forderte ihn auf, ihm zu folgen.

Er führte Morrison an einer Reihe von Türen vorbei und schloß dann eine auf. Dahinter lag ein kleines, steril aussehendes Zimmer. Die Wände waren mit weißen Korkplatten verkleidet. Die gesamte Einrichtung bestand aus einem Schreibtisch mit einem Stuhl davor und einem dahinter. In der Wand hinter dem Schreibtisch schien sich ein kleines rechteckiges Fenster zu befinden, es wurde jedoch durch einen grünen Vorhang verdeckt. An einer Wand hing ein Bild. Es stellte einen großgewachsenen Mann mit stahlgrauem Haar dar. In einer Hand hielt er ein Blatt Papier. Das Gesicht kam Morrison bekannt vor.

»Ich bin Vic Donatti«, stellte sich der athletisch gebaute Mann vor. »Wenn Sie sich dazu entschließen, unser Programm mitzumachen, bin ich für Ihre Betreuung zuständig.«

»Erfreut, Sie kennenzulernen«, gab Morrison zurück. Er sehnte sich nach einer Zigarette.

»Nehmen Sie bitte Platz.«

Donatti legte das Formular, das die Empfangsdame ausgefüllt hatte, auf den Schreibtisch und zog ein weiteres aus der Schublade. Er sah Morrison fest in die Augen. »Wollen Sie sich das Rauchen abgewöhnen?«

Morrison räusperte sich, schlug die Beine übereinander und suchte krampfhaft nach einer Ausflucht. Er fand keine. »Ja«, behauptete er.

»Wollen Sie dann bitte hier unterschreiben?« Er reichte Morrison das Formular. Der überflog es. Der Unterzeichnete erklärte sich mit den Methoden und Techniken der Gesellschaft einverstanden usw. usw.

»Selbstverständlich«, erwiderte er. Donatti legte ihm Kugelschreiber in die Hand. Morrison kritzelte seinen Namenszug, und darunter setzte Donatti seine Unterschrift. Dann verschwand das Formular wieder in der Schreibtischschublade. Na schön, dachte Morrison ergeben, jetzt habe ich mich also verpflichtet, das Rauchen aufzugeben. Es war nicht sein erster Anlauf, es sich abzugewöhnen. Einmal hatte er ganze zwei Tage lang durchgehalten.

»Schön«, stellte Donatti fest. »Wir verschwenden keine Zeit mit Propaganda, Mr. Morrison. Wir diskutieren nicht über gesundheitliche Probleme oder Rücksichtnahme gegenüber der Umwelt. Wir sind Männer der Praxis.«

»Das ist gut«, erwiderte Morrison automatisch.

»Wir setzen keine Medikamente ein. Wir heuern keine Dale Carnegie-Leute an, die Sie moralisch aufrüsten sollen. Wir empfehlen keine spezielle Diät. Und wir fordern keine Bezahlung, ehe Sie nicht ein Jahr lang das Rauchen eingestellt haben.«

»Mein Gott«, entfuhr es Morrison.

»Hat Mr. McCann Ihnen das nicht erzählt?«

»Nein.«

»Wie geht es ihm eigentlich? Fühlt er sich wohl?«

»Es geht ihm blendend.«

»Das freut mich. Ausgezeichnet. Und nun ... ein paar Fragen, Mr. Morrison. Sie sind etwas persönlich, aber ich versichere Ihnen, daß wir Ihre Antworten streng vertraulich behandeln.«

»Ja?« fragte Morrison unbeteiligt.

»Wie heißt Ihre Frau?«

»Lucinda Morrison. Ihr Mädchenname ist Ramsey.«

»Lieben Sie Ihre Frau?«

Morrison hob ruckartig den Kopf, doch Donatti sah ihn mit unergründlichem Blick an. »Ja, natürlich«, gab er zurück.

»Traten in Ihrer Ehe schon mal Probleme auf? Lebten Sie vielleicht eine Zeitlang voneinander getrennt?«

»Was hat das damit zu tun, daß ich das Rauchen aufgeben will?« fragte Morrison. Es klang etwas schärfer als gewollt, aber er sehnte sich nach einer – Teufel nochmal, sein Körper verlangte nach einer Zigarette.

»Eine ganze Menge«, entgegnete Donatti. »Glauben Sie mir.«

»Nein. Wir hatten nie Probleme dieser Art.« Dabei kriselte es in letzter Zeit tatsächlich in ihrer Ehe.

»Und Sie haben nur dieses eine Kind?«

»Ja. Alvin. Er besucht eine Privatschule.«

»Welche Schule ist das?«

»Das«, versetzte Morrison ergrimmt, »werde ich Ihnen nicht sagen.«

»Wie Sie wollen«, erwiderte Donatti freundlich. Er strahlte Morrison an. »Alle Fragen, die Sie haben, werden morgen bei der ersten Behandlung beantwortet.«

»Wie schön«, meinte Morrison trocken und stand auf.

»Gestatten Sie mir zum Abschluß noch eine

Frage. Seit einer Stunde haben Sie nicht geraucht. Wie fühlen Sie sich?«

»Gut«, log Morrison. »Ich fühle mich wohl.«

»Das freut mich für Sie!« frohlockte Donatti. Er trat hinter dem Schreibtisch hervor und öffnete die Tür. »Rauchen Sie heute abend, so viel Sie wollen. Ab morgen werden Sie keine Zigarette mehr anrühren.«

»Wirklich nicht?«

»Mr. Morrison«, gab Donatti feierlich zurück, »dafür garantieren wir.«

Pünktlich um drei saß er am nächsten Tag im Vorzimmer der Nonfumo Gesellschaft. Den ganzen Tag lang hatte er geschwankt, ob er den Termin, den die Sekretärin ihm beim Hinausgehen gegeben hatte, einfach abblasen sollte oder nicht.

Den Ausschlag gab schließlich Jimmy McCanns Behauptung, sein ganzes Leben habe sich zum Vorteil verändert. Und in seinem Leben waren, weiß Gott, ein paar Änderungen nötig. Außerdem war er neugierig. Ehe er in den Aufzug stieg, rauchte er eine Zigarette bis zum Filter. Verdammt schade, wenn das seine letzte sein sollte, dachte er. Sie schmeckte scheußlich.

Dieses Mal brauchte er nicht so lange zu warten. Als die Sekretärin ihm sagte, er könne eintreten, nahm Donatti ihn in Empfang. Lächelnd drückte er ihm die Hand, doch Morrison kam das Lächeln beinahe boshaft vor. Er merkte, wie er nervös wurde, und sehnte sich nach einer Zigarette.

»Kommen Sie mit«, forderte Donatti ihn auf und führte ihn wieder in das kleine Zimmer. Er nahm hinter dem Schreibtisch Platz, und Morrison setzte sich auf den anderen Stuhl.

»Ich bin sehr froh, daß Sie gekommen sind«, äußerte Donatti. »Viele Leute lassen sich nach dem Einführungsgespräch nie wieder blicken. Sie merken, daß es ihnen doch nicht so ernst mit dem Wunsch ist, das Rauchen aufzugeben. Die Zusammenarbeit mit Ihnen wird mir ein Vergnügen sein.«

»Wann beginnt die Behandlung?« Hypnose, sagte er sich. Es kann sich nur um Hypnose handeln.

»Oh, die hat bereits begonnen. Die Behandlung fing an, als wir uns auf dem Korridor die Hand schüttelten. Haben Sie Zigaretten bei sich, Mr. Morrison?«

»Ja.«

»Kann ich sie bitte haben?«

Schulterzuckend gab Morrison ihm das Päckchen. Es waren ohnehin nur noch zwei oder drei darin.

Donatti legte das Päckchen auf den Schreibtisch. Lächelnd blickte er Morrison in die Augen, ballte die Faust und hämmerte auf die Packung ein, die sich verbog und plattgedrückt wurde. Das abgebrochene Ende einer Zigarette flog heraus. Tabakkrü-

160

mel streuten über die Tischplatte. Das Donnern von Donattis Faust hallte laut in dem geschlossenen Raum. Obwohl er mit aller Kraft zuschlug, blieb das Lächeln auf seinen Lippen. Morrison lief eine Gänsehaut über den Rücken. Wahrscheinlich soll das der Einschüchterung dienen, dachte er.

Endlich hielt Donatti inne.

Er nahm das deformierte Päckchen in die Hand. »Sie glauben gar nicht, welche Befriedigung mir das verschafft«, sagte er und warf es in den Papierkorb. »Selbst nach drei Jahren in diesem Geschäft macht es mir immer noch Freude.«

»Als Therapie läßt es manches zu wünschen übrig«, meinte Morrison nicht unfreundlich. »Im Foyer dieses Gebäudes befindet sich ein Zeitschriftenstand. Dort kann man ebenfalls sämtliche Zigarettenmarken kaufen.«

»So ist es«, pflichtete Donatti ihm bei. Er faltete die Hände. »Ihr Sohn, Alvin Dawes Morrison, lebt in der Paterson Schule für behinderte Kinder. Er wurde mit einem Gehirnschaden geboren. Laut Test hat er einen IQ von 46. Damit fällt er nicht ganz in die Kategorie der lernfähigen Behinderten. Ihre Frau—«

»Woher wissen Sie das?« herrschte Morrison ihn an. Er war erschrocken und wütend. »Sie haben, verdammt noch mal, kein Recht, in meinen Privatangelegenheiten herumzuschnüffeln!«

»Wir wissen noch viel mehr über Sie«, entgegnete

Donatti gelassen. »Aber wie ich Ihnen bereits sagte, werden sämtliche Informationen streng vertraulich behandelt.«.

»Ich gehe«, verkündete Morrison mit flacher Stimme. Er stand auf.

»Bleiben Sie doch noch ein bißchen.«

Morrison warf ihm einen prüfenden Blick zu. Donatti war nicht aufgeregt. Er machte eher einen vergnügten Eindruck. Er hatte die Miene eines Mannes, der diese Reaktion schon Dutzende von Malen erlebt hat – vielleicht noch viel öfter.

»Na schön. Aber mit der Behandlung strengen Sie sich bitte an.«

»Oh, das tun wir.« Donatti lehnte sich zurück. »Ich sagte Ihnen ja, wir sind Pragmatiker. Als solche müssen wir zuerst zur Kenntnis nehmen, wie schwierig es ist, jemanden von einer Nikotinsucht zu heilen. Die Rückfallquote beträgt beinahe fünfundachtzig Prozent. Selbst bei Heroinabhängigen liegt sie niedriger. Wir stehen vor einem außergewöhnlichem Problem. Einem sehr außergewöhnlichen Problem.«

Morrison spähte in den Papierkorb. Eine Zigarette, geknickt zwar, sah immer noch aus, als könnte man sie rauchen. Donatti lachte gutmütig, faßte in den Korb hinein und zerkrümelte sie zwischen den Fingern.

»Gelegentlich werden der Regierung Gesetzesvorschläge unterbreitet, die darauf abzielen, die wöchentliche Zigarettenration in den Gefängnissen zu streichen. Solche Eingaben werden gar nicht erst zur Diskussion gestellt. Jedesmal, wenn man versuchte, diese Änderung einzuführen, gab es in den Gefängnissen Aufstände. *Aufstände*, Mr. Morrison. Stellen Sie sich das vor.«

»Das«, versetzte Morrison, »wundert mich nicht.«

»Aber bedenken Sie doch, welche Schlüsse das zuläßt. Wenn ein Mann inhaftiert wird, muß er auf ein normales Sexualleben verzichten, auf Alkohol, auf politische Betätigung, auf Freizügigkeit. Von wenigen Ausnahmen abgesehen hat das noch keine Gefangenenmeuterei ausgelöst. Doch wenn man ihm seine Zigaretten wegnimmt, dann – *Peng! Bumm!*«

Zur Untermalung ließ er die Faust mehrmals auf den Tisch krachen.

»Während des Ersten Weltkriegs, als es in Deutschland keine Zigaretten zu kaufen gab, war es kein ungewöhnlicher Anblick, Angehörige des deutschen Adels zu sehen, die Zigarettenstummel von der Straße aufsammelten. Im Zweiten Weltkrieg stellten sich viele Amerikanerinnen auf das Pfeifenrauchen um, wenn sie keine Zigaretten bekamen. Für den echten Pragmatiker ist das ein faszinierendes Problem, Mr. Morrison.«

»Können wir jetzt zur Behandlung übergehen?«

»Sofort. Treten Sie bitte hier heran.« Donatti

erhob sich und stellte sich neben den grünen Vorhang, der Morrison bereits am Tag zuvor aufgefallen war. Donatti zog den Vorhang zurück und enthüllte ein rechteckiges Fenster, durch das man in ein leeres Zimmer blickte. Nein, es war nicht völlig leer. Auf dem Boden hockte ein Kaninchen vor einer Futterschüssel und fraß.

»Niedliches Tier«, kommentierte Morrison.

»Das finde ich auch. Passen Sie mal auf.« Donatti drückte auf einen Knopf am Fenstersims. Das Kaninchen hörte auf zu fressen und begann, wie verrückt herumzuspringen. Jedesmal, wenn die Pfoten mit dem Boden in Berührung kamen, schienen die Sprünge höher zu werden. Das Fell stand ihm zu allen Seiten ab. Die Augen rollten wild.

»Hören Sie auf damit! Sie bringen das Tier ja um!«

Donatti nahm den Finger vom Knopf. »Keineswegs. Durch den Boden fließt eine sehr niedrige Stromspannung. Beobachten Sie das Kaninchen, Mr. Morrison.«

Das Kaninchen kauerte ungefähr drei Meter von seiner Futterschüssel entfernt. Die Nase zuckte. Plötzlich hoppelte es weg und duckte sich in eine Zimmerecke.

»Wenn das Kaninchen beim Fressen häufig genug Stromstöße bekommt«, erklärte Donatti, »stellt es sehr rasch einen Zusammenhang her. Fressen bedeutet Schmerzen. Also frißt es lieber nicht. Noch ein paar Elektroschocks, und das

Kaninchen verhungert vor einem vollen Futternapf. Das nennt man Aversionstraining.«

Morrison ging ein Licht auf.

»Nein, danke.« Er schickte sich an zu gehen.

»Bitte, bleiben Sie, Mr. Morrison.«

Morrison ließ sich nicht umstimmen. Er legte die Hand auf den Türknauf... und merkte, daß er sich nicht drehen ließ. »Schließen Sie sofort auf.«

»Mr. Morrison, wenn Sie bitte wieder Platz nehmen wollen –«

»Wenn Sie nicht gleich aufschließen, hetzte ich Ihnen die Polizei auf den Hals.«

»*Setzen Sie sich.*« Die Stimme klang scharf wie ein Rasiermesser.

Morrison beobachtete Donatti. In den braunen Augen lag ein Blick, der ihm Angst einflößte. Mein Gott, durchzuckte es ihn, ich bin hier mit einem Verrückten eingesperrt.

Er befeuchtete seine spröden Lippen.

Noch nie hatte er eine Zigarette so nötig gehabt wie jetzt.

»Ich möchte Ihnen die Behandlung ausführlicher erklären«, sagte Donatti.

»Sie verstehen mich nicht«, entgegnete Morrison mit geheuchelter Ruhe. »Ich will mich nicht mehr behandeln lassen. Ich hab's mir anders überlegt.«

»Nein, Mr. Morrison, Sie sind derjenige, der nicht versteht. Sie haben gar keine Wahl. Als ich sagte, die Behandlung habe bereits begonnen, meinte ich das wortwörtlich. Ich dachte, mittlerweile hätten Sie das begriffen.«

»Sie sind ja verrückt«, erwiderte Morrison.

»Nein. Nur ein Pragmatiker. Und jetzt lassen Sie sich von mir über die Behandlung aufklären.«

»Na gut«, stimmte Morrison zu. »Aber verlassen Sie sich darauf, daß ich mir als erstes, wenn ich hier herauskomme, fünf Schachteln Zigaretten kaufe und unterwegs zur Polizeiwache eine nach der anderen rauche.« Plötzlich fiel ihm auf, daß er an seinem Daumennagel kaute. Er riß sich zusammen.

»Das ist Ihre Sache. Aber ich glaube doch, daß Sie Ihre Ansicht ändern werden, wenn Sie erst mal vollständig im Bilde sind.«

Morrison erwiderte nichts darauf. Er setzte sich wieder auf den Stuhl und faltete die Hände.

»Während des ersten Behandlungsmonats werden unsere Mitarbeiter Sie ständig überwachen«, begann Donatti. »Einige von ihnen können Sie erkennen. Aber nicht alle. Sie werden jedoch stets in Ihrer Nähe sein. *Tag und Nacht*. Und wenn sie Sie dabei erwischen, wie Sie eine Zigarette rauchen, bekomme ich einen Anruf.«

»Und dann schleppen sie mich wohl hierher und machen den Kaninchentrick mit mir«, spottete Morrison. Er versuchte, sich kühl und zynisch zu geben, doch er hatte schreckliche Angst. Das war ja ein Alptraum.

»O nein«, widersprach Donatti. »Den Kaninchen-

166

trick machen wir mit Ihrer Frau, nicht mit Ihnen.«

Entsetzt starrte Morrison ihn an.

Donatti lächelte. »Und Sie müssen zuschauen.«

Nachdem Donatti die Tür aufgeschlossen hatte, lief Morrison zwei Stunden lang wie betäubt durch die Gegend. Wieder herrschte herrliches Wetter, doch er merkte es nicht. Die Erinnerung an Donattis lächelndes Gesicht machte ihn für alles blind.

»Sehen Sie«, hatte er gesagt, »ein praktisches Problem muß auf praktische Weise gelöst werden. Denken Sie immer daran, daß wir ja nur Ihr Bestes wollen.«

Donatti hatte ihm erzählt, die Nonfumo Gesellschaft sei eine Art Stiftung – eine gemeinnützige Organisation, gegründet von dem Mann, dessen Portrait an der Wand hing. Er hatte mit großem Erfolg mehrere Familienunternehmen betrieben – unter anderem ein Geschäft mit Spielautomaten, Massagesalons, Lotterien und einem regen (wenn auch heimlichen) Handel zwischen New York und der Türkei. Mort Minelli, alias »Dreifinger«, war starker Raucher gewesen, er verbrauchte pro Tag bis zu drei Schachteln Zigaretten. Das Papier, das er auf dem Bild in der Hand hielt, stellte einen ärztlichen Befund dar: die Diagnose lautete Lungenkrebs. 1970 war Mort gestorben, doch vorher hatte er die Nonfumo Gesellschaft gegründet und vom Familienvermögen finanziert.

»Wir bemühen uns, die Kosten möglichst gering

zu halten«, hatte Donatti gesagt. »Aber in erster Linie sind wir natürlich bestrebt, unseren Mitmenschen zu helfen. Natürlich muß man auch steuerliche Gesichtspunkte berücksichtigen.«

Die Therapie war erschreckend simpel. Ein erster Rückfall, und Cindy sollte in das Kaninchenzimmer gebracht werden, wie Donatti es nannte. Beim zweiten Verstoß bekäme Morrison die Stromstöße verpaßt. Nach der dritten Übertretung kämen beide zusammen in das Zimmer. Eine vierte Sünde bedeutete eine ernsthafte Störung der Zusammenarbeit und erforderte härtere Maßnahmen. In diesem Fall sollte ein Vertreter der Gesellschaft zu Alvins Schule geschickt werden und sich den Jungen vornehmen.

»Stellen Sie sich vor«, meinte Donatti lächelnd, »wie schrecklich das für Ihren Sohn wäre. Er könnte es ja nicht mal verstehen, wenn man es ihm erklärte. Er weiß lediglich, daß ihm jemand wehtut, weil sein Daddy böse war. Vor Angst wird er außer sich sein.«

»Sie Schuft!« erwiderte Morrison verzweifelt. Er war den Tränen nahe. »Sie dreckiger gemeiner Schuft!«

»Sie dürfen mich nicht mißverstehen«, hielt Donatti ihm entgegen. Sein Lächeln drückte Mitgefühl aus. »Ich bin sicher, daß das nie passieren wird. Bei vierzig Prozent unserer Klienten brauchen wir niemals Disziplinarmaßnahmen anzuwenden,

168

und nur zehn Prozent erleiden mehr als drei Rück-
fälle. Diese Zahlen stimmen doch zuversichtlich,
meinen Sie nicht auch?«

Morrison empfand alles andere als Zuversicht. Er
hatte Angst.

»Sollten Sie allerdings ein *fünftes* Mal rückfällig
werden—«

»Was dann?«

Donnati strahlte. »Dann schicken wir Sie und Ihre
Frau in das Zimmer, Ihr Sohn bekommt die zweite
Tracht Prügel, und Ihre Frau wird auch noch ge-
schlagen.«

Morrison, der an einem Punkt angelangt war, wo
der nüchterne Verstand aussetzte, wollte sich auf
Donatti stürzen. Für jemand, der offenbar vollkom-
men entspannt dagesessen hatte, reagierte Donatti
mit verblüffender Geschwindigkeit. Er stieß den
Stuhl nach hinten, und trat Morrison über den
Schreibtisch hinweg mit beiden Füßen in den
Bauch. Hustend und nach Luft ringend, taumelte
Morrison zurück.

»Setzen Sie sich, Mr. Morrison«, forderte Donatti
ihn gutmütig auf. »Wir wollen uns doch wie ver-
nünftige Menschen unterhalten.« Als Morrison wieder zu Atem kam, folgte er Donattis Aufforderung.
Einmal mußte dieser Alptraum ja aufhören.

Die Nonfumo Gesellschaft, hatte Donatti ihm wei-
terhin erklärt, erteilte Strafen nach einer Zehn-

Punkte-Skala. Die Stufen sechs, sieben und acht bestanden wiederum aus Besuchen des Kaninchenzimmers (mit erhöhter Stromspannung) und härteren Prügeln. Der neunte Schritt sah vor, daß man seinem Sohn beide Arme bräche.

»Und was passiert beim zehnten Rückfall?« fragte Morrison mit trockenem Mund.

Donatti wiegte traurig den Kopf. »Dann geben wir auf, Mr. Morrison. Sie gehören dann zu den unheilbaren zwei Prozent.«

»Sie geben tatsächlich auf?«

»Ja, sozusagen.« Er öffnete eine Schublade und legte eine Pistole mit Schalldämpfer auf die Schreibtischplatte. Lächelnd sah er Morrison in die Augen. »Aber selbst die unbehandelbaren zwei Prozent rauchen nie wieder. Dafür sorgen wir.«

Am Freitag lief im Nachtprogramm des Fernsehens der Streifen *Bullit*, einer von Cindys Lieblingsfilmen, doch nachdem Morrison eine Stunde lang nervös auf seinem Sessel hin und hergerutscht war, konnte sie sich nicht mehr darauf konzentrieren.

»Was fehlt dir eigentlich?« fragte sie in einer Sendepause.

»Nichts . . . alles«, brummte er. »Ich gewöhne mir das Rauchen ab.«

Sie lachte. »Seit wann? Seit fünf Minuten?«

»Seit heute nachmittag um drei.«

»Und seitdem hast du wirklich keine einzige Zigarette geraucht?«

»Nein«, erwiderte er und begann, an seinem Daumennagel zu kauen.

Er war bereits bis auf die Fingerkuppe abgenagt.

»Das finde ich großartig! Warum hörst du damit auf?«

»Wegen dir. Und . . . Alvin.«

Sie riß die Augen auf und bemerkte nicht mal, daß der Film weiterlief.

Dick erwähnte äußerst selten ihren behinderten Sohn.

Sie ging zu ihm, warf einen Blick auf den leeren Aschenbecher, der rechts von ihm stand, und sah ihm dann in die Augen.

»Versuchst du ernsthaft, das Rauchen aufzugeben, Dick?«

»Ja.« Und wenn ich mich an die Polizei wende, setzte er im Geist hinzu, kommt der zuständige Schlägertrupp angerollt und poliert dir die Fresse, Cindy.

»Das freut mich. Auch, wenn du nicht durchhalten solltest, Dick, wir danken dir beide, daß du es mit Rücksicht auf uns versuchst.«

»Oh, ich bin sicher, daß ich durchhalten werde«, meinte er und sah im Geist wieder den eiskalten, mörderischen Blick, der in Donattis Augen getreten war, als er ihm die Füße in den Bauch rammte.

Er schlief schlecht in dieser Nacht. Jedesmal,

wenn er eingedöst war, schreckte er wieder hoch. Gegen drei Uhr morgens war er hellwach. Der Wunsch nach einer Zigarette brannte in ihm wie ein Fieber. Er ging hinunter in sein Arbeitszimmer. Der Raum lag in der Mitte des Hauses. Keine Fenster. Er öffnete die oberste Schreibtischschublade und spähte hinein. Wie magisch zog die Zigarettenschachtel seinen Blick an. Er schaute in die Runde und leckte sich die Lippen.

Während des ersten Monats ständige Überwachung, hatte Donatti gesagt. In den nächsten zwei Monaten achtzehn Stunden pro Tag – aber er erfuhr nie, welche. Für die Dauer des vierten Monats, in dem die Gefahr für einen Rückfall besonders hoch war, erhöhte sich der »Service« wieder auf vierundzwanzig Stunden täglich. Die folgenden acht Monate sollte er in einem unregelmäßigen Rhythmus zwölf Stunden lang am Tag beobachtet werden. Und danach? Stichprobenartige Überwachung, so lange er lebte.

So lange er lebte.

»Es kann sein, daß wir Sie in Abständen von zwei Monaten überprüfen, vielleicht aber auch in Abständen von zwei Tagen«, hatte Donatti erläutert. »Intervalle und Dauer der Stichproben sind beliebig. Das Effektive an diesem System ist, *daß Sie es nicht wissen.* Wenn Sie mal rauchen, riskieren Sie viel. Sie wissen ja nicht, werde ich jetzt beobachtet, oder sieht es keiner? Holen sie meine Frau ab, oder ist schon jemand zu meinem Sohn unterwegs? Das ist doch herrlich, nicht? Und sollten Sie sich mal heimlich eine Zigarette anzünden, wird sie Ihnen nicht schmecken. Sie werden sich einbilden, Sie kosteten das Blut Ihres Sohnes.«

Aber wie sollten sie ihn jetzt, mitten in der Nacht, in seinem Arbeitszimmer beobachten? Im Haus herrschte eine Stille wie in einer Gruft.

Beinahe zwei Minuten lang schaute er die Schachtel Zigaretten an, unfähig, den Blick abzuwenden. Dann ging er zur Tür, spähte hinaus in den leeren Flur, um danach die Betrachtung der Zigarettenpakkung wiederaufzunehmen. In ihm entstand eine schreckliche Vision: Er sah sein Leben vor sich, und für ihn gab es keine Zigaretten mehr. Wie in Gottes Namen sollte er eine zähe Verhandlung mit einem schwierigen Kunden durchstehen, ohne daß er lässig eine Zigarette in der Hand hielt? Er wußte nicht, wie er Cindys endlose Gartenschauen ohne Zigaretten überleben sollte. Wie schaffte er es, einen neuen Tag zu beginnen, ohne seine morgendliche Zigarette zu rauchen, die ihm so selbstverständlich geworden war wie die Tasse Kaffee und das Zeitunglesen?

Er verwünschte sich, weil er sich in diese Situation hineingeritten hatte. Er verwünschte Donatti. Und in erster Linie verwünschte er Jimmy McCann. Wie hatte er ihm das antun können? Der verdammte Hund wußte doch Bescheid. Seine Hände zitterten vor Begehren, diesem Judas Jimmy McCann an die Gurgel zu kommen.

Verstohlen sah er sich noch einmal im Arbeitszimmer um. Er griff in die Schublade und holte eine Zigarette heraus. Andächtig streichelte er sie. Wie hieß doch gleich dieser alte Werbeslogan: *so rund, so fest, so kompakt.* Etwas Wahreres gab es gar nicht. Er steckte sich die Zigarette in den Mund, dann verharrte er lauschend, den Kopf gesenkt.

Kam vom Schrank her nicht ein leises Geräusch? Ein kaum wahrnehmbares Scharren? Er täuschte sich bestimmt. Trotzdem –

Wieder hatte er eine Vision – er sah das Kaninchen, wie es wie wahnsinnig auf dem unter Strom stehenden Boden herumsprang. Die Vorstellung, daß Cindy in diesem Raum –

Er horchte angestrengt, vernahm jedoch nichts. Er sagte sich, er brauche lediglich zum Schank zu gehen und die Tür aufzureißen. Doch er fürchtete sich vor dem, was er vielleicht entdeckte. Er legte sich wieder ins Bett, fand jedoch lange keinen Schlaf.

Obwohl er sich am nächsten Morgen elend fühlte, schmeckte ihm das Frühstück. Nach kurzem Zögern aß er nach seiner üblichen Schale Cornflakes noch Rührei. Verdrossen spülte er gerade die Pfanne ab, als Cindy im Morgenrock herunterkam.

»Richard Morrison! Seit Anno Tobak hast du zum Frühstück kein Ei mehr gegessen.«

Morrison gab einen grunzenden Laut von sich. Er fand, *seit Anno Tobak* sei eine von Cindys albernsten Redewendungen, genau so schlimm wie ihr Ausspruch *ich bin so glücklich, ich könnte die ganze Welt küssen.*

»Hast du in der Zwischenzeit schon wieder geraucht?« fragte sie, während sie sich ein Glas Orangensaft einschenkte.

»Nein.«

»Spätestens bis heute mittag um zwölf bist du wieder rückfällig geworden«, prophezeite sie leichthin.

»Du bist mir ja eine verdammt gute Hilfe«, schnauzte er sie an. »Du und alle anderen Leute, die nicht rauchen, ihr glaubt ja . . . ach, schon gut.«

Er dachte, sie würde sich ärgern, doch sie sah ihn nur verwundert an. »Dir ist es ja wirklich ernst mit deinem Vorsatz.«

»Das kann man wohl sagen.« Hoffentlich erfährst du nie, *wie* ernst es mir ist, dachte er.

»Mein armer Schatz.« Sie kam zu ihm. »Du siehst aus wie eine aufgewärmte Leiche. Aber ich bin sehr stolz auf dich.«

Morrison riß sie in seine Arme.

Szenen aus dem Leben Richard Morrisons im Zeitraum Oktober – November:

Morrison und ein alter Freund vom Studio Larkin in Jack Dempseys Bar. Freund bietet ihm eine Zigarette an. Morrison verkrampft die Hand, die das Glas hält, und sagt: *Ich will mir das Rauchen abgewöhnen.* Freund lacht und behauptet: *Ich gebe dir eine Woche.*

Morrison wartet morgens auf den Zug. Über den Rand seiner *Times* hinweg beobachtet er einen jungen Mann in einem blauen Anzug. Den jungen Mann sieht er beinahe jeden Morgen, und manchmal auch zu anderen Tageszeiten. Zum Beispiel entdeckte er ihn einmal bei Onde, wo er sich mit einem Kunden traf. Oder wie er in einem Laden in alten Schallplatten stöberte, während Morrison nach einer LP von Sam Cooke suchte. Einmal befand er sich in einer Gruppe von vier Leuten, die nach Morrison und seinen Begleitern die Runde über den örtlichen Golfplatz machten.

Morrison betrinkt sich auf einer Party und will eine Zigarette – aber so betrunken ist er nicht, daß er tatsächlich geraucht hätte.

Morrison besucht seinen Sohn und schenkt ihm einen großen Ball, der quietscht, wenn man darauf drückt. Sein Sohn gibt ihm einen feuchten, begeisterten Kuß. Morrison fühlt sich nicht so abgestoßen wie früher. Als er seinen Sohn umarmt, erkennt er, was Donatti und seine Leute in ihrem Zynismus

176

viel früher begriffen haben: die Liebe ist die machtvollste Droge von allen. Mögen Romantiker über die Existenz der Liebe debattieren, Pragmatiker wissen, daß es sie gibt und nutzen sie für ihre Zwecke.

Allmählich verlieren sich bei Morrison die körperlichen Entzugserscheinungen, doch psychologisch macht sich oft der Wunsch nach einer Zigarette bemerkbar oder das Verlangen, etwas im Mund zu haben – Hustenpastillen, Lutschtabletten, einen Zahnstocher. Alles ist lediglich ein unzureichender Ersatz.

Schließlich passierte es Morrison, daß er bei einem Verkehrsstau im Stadttunnel steckenblieb. Dunkelheit. Das Lärmen von Autohupen. Schlechte Luft. Er saß hoffnungslos fest. Einer jähen Eingebung folgend, öffnete er das Handschuhfach und entdeckte die angebrochene Packung Zigaretten. Einen Moment lang sah er sie an, dann zog er eine heraus und zündete sie mit dem Autofeuerzeug an.

Wenn das Folgen hat, ist Cindy daran schuld, sagte er sich trotzig. Ich sagte ihr doch, sie sollte sämtliche Zigaretten wegwerfen.

Nach dem ersten Zug mußte er fürchterlich husten. Nach dem zweiten tränten ihm die Augen. Nach dem dritten fühlte er eine Leere im Kopf, und ihm wurde schwindlig. Er fand, die Zigarette schmeckte scheußlich.

Sein nächster Gedanke war: Mein Gott, was habe ich getan?

Hinter ihm ertönte ein ungeduldiges Hupkonzert. Die Autos vor ihm hatten sich bereits in Bewegung gesetzt. Er drückte die Zigarette im Aschenbecher aus, kurbelte beide Vorderfenster herunter, schaltete die Lüftung ein und fächelte dann hilflos die Luft, wie ein Kind, das soeben die erste Zigarettenkippe in der Toilette weggespült hat.

Unsicher fädelte er sich in den wieder fließenden Verkehr ein und fuhr nach Hause.

»Cindy?« rief er.

»Ich bin da.«

Keine Antwort.

»Cindy? Wo steckst du, Schatz?«

Das Telefon klingelte, und er stürzte sich darauf. »Hallo? Cindy?«

»Hallo, Mr. Morrison«, grüßte Donatti. Er sprach in forschem, geschäftsmäßigem Ton. »Ich glaube, wir sollten uns mal in einer kleinen geschäftlichen Angelegenheit treffen. Könnten Sie um fünf Uhr bei uns sein?«

»Ist meine Frau bei Ihnen?«

»Ja, sie ist hier.« Donatti stieß ein vergnügtes Lachen aus.

»Bitte, lassen Sie sie gehen«, sprudelte es aus Morrison heraus. »Es wird nie wieder vorkommen. Es war ein Ausrutscher, bloß ein Ausrutscher, mehr nicht. Ich habe nur dreimal an der Zigarette gezogen, und, Teufel nochmal, *sie hat mir nicht mal geschmeckt!*«

»Wie schade. Um fünf kann ich also mit Ihnen rechnen, ja?«

»Bitte«, flehte Morrison, dem Weinen nahe. »Bitte—«

Er sprach in eine tote Leitung.

Um fünf Uhr nachmittags saß außer der Sekretärin niemand im Vorzimmer. Sie schenkte Morrison ein strahlendes Lächeln, als hätte sie seine Blässe und seine aufgelöste Erscheinung nicht bemerkt. »Mr. Donatti?« sagte sie in die Gegensprechanlage. »Mr. Morrison ist da.« Sie nickte Morrison zu. »Sie können hineingehen.«

Vor dem Zimmer standen Donatti und ein Mann, der ein Sweatshirt mit dem Aufdruck BITTE LÄCHELN trug. Er hatte die Figur eines Gorillas, und in der Hand hielt er eine Pistole.

»Hören Sie«, wandte sich Morrison an Donatti, »wir können uns doch sicher einigen, nicht wahr? Ich gebe Ihnen Geld, ich—«

»Schnauze«, sagte der Mann im Sweatshirt.

»Ich freue mich, daß Sie gekommen sind«, begann Donatti. »Schade, daß unser Wiedersehen unter so unerfreulichen Umständen stattfindet. Ich darf Sie jetzt bitten, einzutreten. Wir werden es so kurz wie möglich machen. Ich verspreche Ihnen,

Ihrer Frau wird nichts Ernstliches geschehen ...
dieses Mal noch nicht.«

Morrion duckte sich, um sich auf Donatti zu stürzen.

»Aber nicht doch«, sagte Donatti mit ärgerlicher Miene. »Wenn Sie Schwierigkeiten machen, schlägt Junk Ihnen eins mit der Pistole über den Schädel, und Ihrer Frau nützt das gar nichts. Reißen Sie sich also lieber zusammen.«

»Ich wünsche Ihnen, daß Sie in der Hölle braten«, schrie er Donatti an.

Donatti stieß einen Seufzer aus.

»Wenn ich für jeden Ausspruch dieser Art ein Fünfcentstück bekäme, könnte ich mich zur Ruhe setzen. Das soll Ihnen eine Lehre sein, Mr. Morrison. Wenn ein Idealist versucht, Gutes zu tun und dann scheitert, bekommt er einen Orden. Wenn ein Pragmatiker Erfolg hat, wünscht man ihn zum Teufel. Können wir gehen?«

Junk gab ihm mit der Pistole einen Wink.

Morrison betrat als erster das Zimmer. Innerlich war er wie erstarrt. Der grüne Vorhang war zur Seite gezogen. Junk stieß ihm die Pistole in den Rücken. Genauso muß es den Zeugen ergangen sein, dachte Morrison, die einer Hinrichtung in der Gaskammer beiwohnen mußten.

Er schaute durch das Fenster. Cindy war da. Mit verstörter Miene blickte sie um sich. »Cindy!« schrie Morrison verzweifelt. »Cindy, sie –«

»Sie kann Sie weder hören noch sehen«, erklärte Donatti. »Das Glas ist nur von dieser Seite durchsichtig. So, und nun wollen wir die Sache hinter uns bringen. Es war ja wirklich nur eine leichte Übertretung. Ich denke, dreißig Sekunden dürften genügen. Junk?«

Junk drückte auf den Knopf, während er mit der anderen Hand Morrison die Pistole in den Rücken drückte.

Es wurden die längsten dreißig Sekunden seines Lebens.

Als es vorbei war, legte Donatti ihm die Hand auf die Schulter und fragte: »Müssen Sie sich übergeben?«

»Nein«, antwortete Morrison schwach. Mit der Stirn stützte er sich gegen die Glasscheibe. Seine Beine waren wie aus Gummi. »Ich glaube nicht.« Er drehte sich um und bemerkte, daß Junk das Zimmer verlassen hatte.

»Kommen Sie mit mir«, forderte Donatti ihn auf.

»Wohin?« fragte Morrison apathisch.

»Ich glaube, Sie haben ein paar Erklärungen abzugeben, meinen Sie nicht?«

»Wie kann ich ihr noch unter die Augen treten? Wie soll ich ihr sagen, daß ich . . . daß ich . . .«

»Sie werden sich wundern«, behauptete Donatti.

Das einzige Möbelstück in dem Zimmer war ein Sofa. Cindy lag darauf und schluchzte hemmungslos.

»Cindy?« begann er zaghaft.

Sie blickte hoch, die Augen wirkten durch die Tränen noch größer. »Dick?« flüsterte sie. »Dick? Ach . . . Ach Gott . . .« Er nahm sie in die Arme und drückte sie an sich. »Zwei Männer«, schluchzte sie gegen seine Brust. »Sie drangen ins Haus ein, und zuerst hielt ich sie für Einbrecher. Dann dachte ich, sie wollten mich vergewaltigen. Sie verbanden mir die Augen und brachten mich irgendwohin. Und dann . . . und dann . . . ach, es war *schrecklich* –«

»Ist ja wieder gut«, flüsterte er, »ist ja wieder gut.«

»Aber warum?« fragte sie und sah ihn an. »Warum haben sie das –«

»Es war meine Schuld. Ich muß dir etwas erzählen, Cindy –«

Nachdem er geendet hatte, schwieg er eine Weile. Dann sagte er: »Wahrscheinlich haßt du mich jetzt. Mit gutem Grund.«

Er hielt den Blick auf den Boden geheftet. Sie umschloß sein Gesicht mit beiden Händen und zwang ihn, sie anzuschauen. »Nein«, sagte sie. »Ich hasse dich nicht.«

Vor Verblüffung verschlug es ihm die Sprache.

»Die Schmerzen haben sich gelohnt«, fuhr sie fort. »Gott segne diese Leute. Sie haben dich aus einem Gefängnis befreit.«

»Ist das dein Ernst?«

»Ja«, bekräftigte sie und gab ihm einen Kuß. »Können wir jetzt heimfahren? Ich fühle mich schon viel besser. Viel, viel besser.«

Eine Woche später läutete abends das Telefon. Als Morrison Donattis Stimme hörte, sagte er: »Ihre Junge haben Sie falsch unterrichtet. Ich bin nicht mal in die Nähe einer Zigarette gekommen.«

»Das wissen wir. Wir müssen noch einen letzten Punkt besprechen. Können Sie morgen nachmittag auf einen Sprung zu uns kommen?«

»Geht es –«

»Nein, es ist nichts Ernstes. Es handelt sich nur um ein paar Eintragungen in unsere Bücher. Übrigens, herzlichen Glückwunsch zu Ihrer Beförderung.«

»Woher wissen Sie, daß ich befördert wurde?«

»Wir halten uns auf dem Laufenden«, gab Donatti lässig zurück und hängte ein.

Als sie das kleine Zimmer betraten, sagte Donatti: »Warum sind Sie so nervös? Es wird Sie schon keiner beißen. Treten Sie bitte hier heran.«

Morrison erblickte eine ganz normale Badezimmerwaage. »Hören Sie, ich habe ein bißchen zugenommen, aber –«

»Ja, das geht dreiundsiebzig Prozent unserer Klienten so. Stellen Sie sich bitte auf die Waage.«

Morrison gehorchte. Die Waage zeigte einhundertvierundsiebzig Pfund an.

»Das war's. Schön. Sie können wieder herunterkommen. Wie groß sind Sie, Mr. Morrison?«

»Ein Meter achtzig.«

»Moment, lassen Sie mich mal nachschauen.« Aus seiner Brusttasche zog er eine kleine, in Plastik eingeschweißte Karte.

»Nun, das ist gar nicht so schlecht. Ich schreibe Ihnen ein Rezept für ein paar vom Gesetz her streng verbotene Abmagerungspillen aus. Gehen Sie sparsam damit um und beachten Sie die Gebrauchsvorschrift. Ihr erlaubtes Höchstgewicht werde ich festsetzen bei . . . mal sehen . . .«

Er studierte noch einmal die Karte. »Einhundertzweiundachtzig Pfund. Wie klingt das? Heute haben wir den ersten Dezember, und am ersten jedes Monats erwarte ich Sie hier zur Gewichtskontrolle. Sollten Sie mal verhindert sein, macht das nichts, Sie müssen uns nur rechtzeitig vorher anrufen und Bescheid sagen.«

»Und was passiert, wenn ich mehr wiege als einhundertzweiundachtzig Pfund?«

Donatti lächelte. »Dann schicken wir jemand zu

Ihnen nach Hause, der Ihrer Frau einen kleinen Finger abschneidet. Sie können durch diese Tür hinausgehen, Mr. Morrison. Ich wünsche Ihnen noch einen schönen Tag.«

Acht Monate später:

In Dempseys Bar trifft Morrison wieder den alten Freund vom Studio Larkin. Morrison hat jetzt sein Wettkampfgewicht erreicht, wie Cindy stolz behauptet: einhundertsiebenundsechzig Pfund. Er treibt dreimal die Woche Sport und sieht topfit aus. Verglichen mit ihm sieht sein Freund aus wie ein ausgewrungener Lappen.

Freund: Gott, wie hast du es bloß geschafft, das Rauchen aufzugeben? Ich komme von dieser verdammten Gewohnheit einfach nicht los. Mit ungeheucheltem Abscheu drückt der Freund seine Zigarette aus und leert sein Whiskyglas mit einem Zug.

Morrison sieht ihn nachdenklich an und holt dann eine kleine weiße Geschäftskarte aus seiner Brieftasche. Er legt sie auf den Tresen. Weißt du was, sagt er, diese Leute haben mein Leben von Grund auf geändert.

Zwölf Monate später:

Morrison bekommt mit der Post eine Rechnung zugestellt. Er liest:

NONFUMO GES.
237 East 46. Straße
New York, N.Y. 10017

1 Behandlung	$ 2.500,00
Beratung (Victor Donatti)	$ 2.500,00
Stromverbrauch	$ 0,50
GESAMTSUMME (Bitte überweisen Sie diesen Betrag)	
	$ 5.000,50

Diese Schweine! schimpft er. Sie berechnen mir sogar den Strom, mit dem sie dich . . .

Bezahl doch, rät Cindy und gibt ihm einen Kuß.

Zwanzig Monate später:

Durch Zufall treffen Morrison und seine Frau die McCanns im Helen Hayes-Theater. Man stellt sich der Reihe nach vor. Jimmy sieht immer noch so gut aus, eher noch besser als damals vor fast zwei Jahren in der Flughafenbar. Seine Frau sieht Morrison zum ersten Mal. Ihre Schönheit kommt von innen heraus, wie es bei unscheinbaren Mädchen manchmal der Fall ist, wenn sie sehr glücklich sind.

Morrison gibt ihr die Hand. Etwas an ihrem Griff kommt ihm merkwürdig vor, und es dauert ein paar Sekunden, bis ihm klar wird, woran es liegt. An der rechten Hand fehlt der kleine Finger.

Stephen King
Nachtschicht

Paperback

Band 28114

Stephen King, der »Meister des Makaberen«, legt
neunzehn seiner »entsetzlichsten« Kurzgeschichten vor – Berichte von geheimnisvollen
Geschehnissen in düsteren Regionen, wo Horror
und Wahnsinn regieren.

Die Schauplätze sind alltäglich und jedem ver-
traut: eine Schule, eine Fabrik, eine Autobahn-
raststätte, eine Wäscherei...
Doch in der Welt des Stephen King kann jeder Ort
zum Spielplatz des Satans werden.

Band 13 001
Stephen King
Feuerkind
Deutsche
Erstveröffentlichung

Skrupellose Wissenschaftler, ein verbrecherischer Geheimdienst und machtgierige Politiker haben ein Wesen erschaffen, dessen ungeheueren Geisteskräfte niemand mehr kontrollieren kann:
Seine Gedanken töten. Seine Augen bringen das flammende Inferno. Sein Lachen versetzt ein Land in Angst und Schrecken.

Ein parapsychologischer Thriller von Stephen King – Amerikas neuem »Edgar Allan Poe«.

Band 13 008
Stephen King
Shining

SHINING – ein Hotel in den Bergen, eingeschneit ohne Verbindung zur Außenwelt, ein Mann, seine Frau, sein Sohn und ihre Angst vor sich selbst. Einer von ihnen wird die anderen umbringen.
SHINING – der Roman, den Stanley Kubrik verfilmte.
SHINING – das Buch, dessen unheimlicher Nervenkitzel Sie bis zur letzten Seite nicht mehr losläßt.

**Sie erhalten diesen Band
im Buchhandel, bei Ihrem
Zeitschriftenhändler sowie
im Bahnhofsbuchhandel.**